궁금했어,
우주개발

궁금했어,
우주개발

홍대길 글 | 이진화 그림

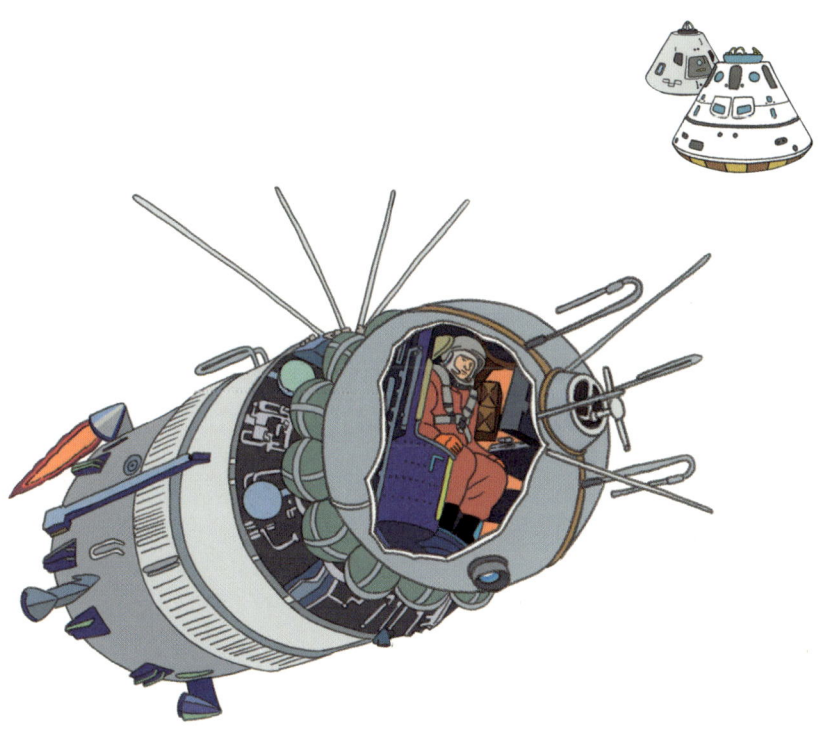

나무생각

차례

1장
지구 밖으로 어떻게 나갈까?   7

우주 여행의 동반자, 로켓   9
뉴스 속의 우주 로켓   22
우주 여행을 돕는 유인 우주선   31
/ 궁금 pick / 우주 로켓은 어떤 원리로 날까?   42

2장
지구 밖 파수꾼 인공위성   45

인류, 달을 만들다   47
인공위성이 하는 일   53
/ 궁금 pick / 인공위성은 어떤 원리로 돌까?   66

3장
우주에서 살아남기   69

우주를 향한 꿈   71
우주 정거장의 역사   75
우주 정거장에서의 생활   86
/ 궁금 pick / 우주 생활 Q&A   92

4장
달의 전쟁 　　　　　　　　　　　　　　　　97

가깝고도 먼 달 　　　　　　　　　　　　　　99
인류 최초의 달 착륙 아폴로 계획 　　　　　　102
달 탐사는 계속된다 　　　　　　　　　　　　111
　/ 궁금 pick / 달에서 채굴한 자원의 소유권　　124

5장
화성 개척 　　　　　　　　　　　　　　　127

오랫동안 꿈꿔 온 거주 행성 　　　　　　　　129
　/ 궁금 pick / 세계의 우주 개발 기구　　　　148

6장
인터스텔라 　　　　　　　　　　　　　　153

태양계를 넘어, 우리은하를 넘어 더 멀리 　　155
　/ 궁금 pick / 우주 여행과 동면　　　　　　166

우주 개발 연표 　　　　　　　　　　　　　　168
작가의 말 　　　　　　　　　　　　　　　　170

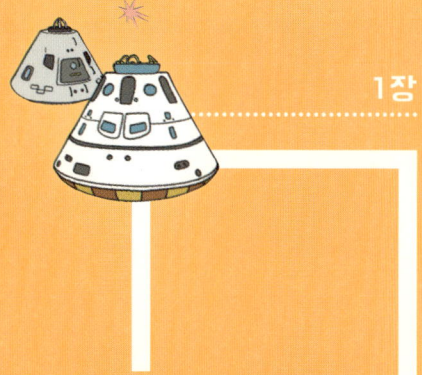

1장

지구 밖으로 어떻게 나갈까?

우주 여행의 동반자, 로켓

우리는 지구라는 행성에 살고 있어. 지구 밖은 드넓은 우주야. 누구라도 한 번쯤은 우주를 자유롭게 날아오르는 상상을 해 봤을 거야. 어떻게 하면 우주로 나갈 수 있을까? 힘껏 뛰어오르면 되지 않느냐고? 그렇지 않아. 힘껏 뛰어올라도 다시 지구 표면으로 떨어지고 말지.

우리가 우주로 나가려면 지구가 우리 몸을 끌어당기는 중력을 이겨 내야 해. 영화 속 영웅 슈퍼맨처럼 말이야. 슈퍼맨은 강력한 중력이 작용하는 외계 행성 크립톤에서 태어났기 때문에 지구 중력을 쉽게 이겨 내고 우주로 날아오를 수 있대. 그런데 아쉽게도 우리에게는 중력을 이겨 낼 힘이 없어.

그럼에도 우리가 우주로 나갈 수 있게 된 것은 로켓 기술 덕분이야. 우주 로켓은 강력한 추진력을 가진 엔진의 힘으로 우주 공간에 물체를 쏘아 올리지. 이처럼 탑재물을 실어 우주로 보내는 우주 로켓을 '우주 발사체'라고 부르기도 해. 탑재물은 우주선이나 인공위성, 탐사선 등 종류가 다양한데, 때로는 사람이 탄 유인 우주선이 탑재물이 되기도 해.

만약 우주 개발에 관심을 가지고 있거나, 우주 여행을 꿈꾼다면 가장 먼저 우주 발사체가 무엇인지 알아두는 게 좋아.

우주 로켓의 개척자

로켓은 누가 처음 만들었을까? 로켓의 역사는 화약을 처음 발명한 중국의 불꽃놀이에서 시작됐어. 중국 사람들은 화약의 폭발력을 전쟁에도 이용했는데, 화약의 추진력으로 화살을 날린 '화전(불화살)'이 최초의 로켓이라고 할 수 있지. 1232년 중국 금나라는 몽골과의 전쟁에서 화약을 넣은 대나무 통을 화살에 묶어 발사했어. 로켓 화살을 사용한 가장 오래된 기록이지.

우리나라에서는 고려의 최무선이 중국 원나라로부터 화약 기술을 배운 뒤, 1377년 중국의 화전과 비슷한 '주화'라는 로켓 화살을 만들었어. 조선 시대에 들어와 세종은 최무선의 아들 최해산과 노비 출신 과학 기술자 장영실의 도움으로 주화를 더욱 발전시켜 '신기전'이라는 로켓 화살을 만들었지. 세종의 아들 문종은 신기전 여러 개를 동시에 발사할 수 있는 '화차'를 만들며 화약 로켓 기술을 크게 발전시켰어.

유럽에서는 1379년에 이탈리아가 중국의 화전과 비슷한 무기를 사용했어. 그 무기를 '로케타'라고 불렀지. 로켓이라는 용어는 여기서 비롯된 거야. 이후 로켓은 전쟁 무기로 더욱 발전했어.

로켓의 역사가 새로운 전환점을 맞이한 것은 20세기에 액체 연료 로켓이 개발되면서부터야. 액체 연료 로켓 개발을 처음 시도한 사람은 페루의 외교관이자 기술자였던 페드로 파울레트였어. 그는 1895년 액체 연료 로켓을 설계하고 시험했지만 성공하지는 못했어. 그래서 파울레트를 기억하는 사람은 거의 없지.

소련*의 물리학자 콘스탄틴 치올콥스키는 우주 여행에 관심이 많았어. 그는 작용과 반작용, 운동량 보전 법칙과 같은 로켓의 원리를 종합한 '치올콥스키 로켓 방정식'을 만들었어. 지구 궤도에 물체를 쏘아 올리기 위한 로켓의 속도와 우주선의 지구 귀환 궤도를 계산한 로켓 연구의 선구자였지. 또 우주선이 지구 중력을 벗어나기 위해서는 다단 로켓이 꼭 필요하다는 사실도 밝혀냈어. 그동안 불꽃놀이에서 사용되었던 방식이지.

미국의 로버트 고다드는 세계 최초로 액체 연료 로켓을 만들어 발사한 엔지니어이자 물리학자야. 그는 어릴 때부터 쥘 베른의 《지구에서 달까지》(1865), 허버트 조지 웰스의 《우주 전쟁》(1898)과 같은 과학 소설을 읽고 우주에 대한 큰 관심을 가졌어. 그리고 인생을 액체 연료 로켓 개발에 걸었지.

20여 년의 노력 끝에 고다드는 1926년 직접 만든 액체 연료 로켓을 발사하는 데

*소련 소비에트 연방 공화국의 줄임말. 미국과 경쟁할 만큼 강대국이었으며, 사회주의가 붕괴된 뒤 해체되어 러시아, 우크라이나, 조지아 등 15개 국가가 생겨났다. 구소련이라고도 한다. 소련의 우주 개발 사업은 러시아가 계승했다.

1926년 첫 번째 액체 연료 로켓 실험을 하는 로버트 고다드

성공했어. 그의 첫 로켓은 12.3m 높이로 솟았고, 2.5초 동안 55.2m를 날아가 양배추밭에 떨어졌지. 이 작은 실험이 인류에게 우주 시대를 열어 줄 줄은 누구도 예상하지 못했을 거야. 고다드의 실험은 미국에서는 관심을 끌지 못했지만, 독일에서는 무시무시한 전쟁 무기를 개발하는 데 이용됐어.

액체 연료 로켓을 20세기 최고의 신무기로 개발한 사람은 독일 의사이자 물리학자인 헤르만 오베르트야. 그는 쥘 베른의 과학 소설에서 영감을 받아 로켓 개발에 빠져들었고, 1922년 《행성 공간으로의 로켓》이라는 책을 썼지. 몇 년 뒤에는 우주 여행 협회의 회장이 됐어.

제2차 세계 대전이 일어나자 오베르트는 제자인 베른헤르 폰 브라운과 함께 알코올과 액체 산소를 사용한 탄도 미사일 V2를 개발했어.

V2의 V는 영어의 '승리(victory)'가 아니라 독일어로 '보복 병기(Vergeltungswaffe)'를 뜻해. 1톤의 탄두를 300km 밖까지 날려 보내는 무서운 무기였지. 1944년 9월부터 1945년 3월까지 5,400기나 되는 V2 미사일이 발사됐어. 독일과 싸우던 영국은 언제 날아올지 모르는 V2의 공포 속에서 떨어야 했지.

우주 시대를 연 우주 로켓

오늘날 우주 시대를 이끌고 있는 미국과 러시아, 중국에는 각각 우주 로켓을 개발한 선구적인 공학자가 있었어.

베른헤르 폰 브라운은 제2차 세계 대전 때 나치 독일에서 공포의

새턴 5호를 개발한 베른헤르 폰 브라운

V2를 개발하다가 미군의 포로가 됐어. 그는 미군에 소속되어 V2를 개량해 단거리 탄도 미사일 '레드스톤(Redstone)'과 중거리 탄도 미사일 '주피터(Jupiter)'를 만들었어. 미사일 레드스톤을 변형해 만든 우주 로켓 '주노 1호(Juno I)'가 미국 최초의 인공위성인 '익스플로러 1호(Explorer 1)'를 발사하면서, 폰 브라운의 이름은 세상에 널리 알려졌지. 폰 브라운은 아폴로 우주선을 발사한 '새턴 5호(Saturn V)' 로켓도 개발했어. 인류가 달에 착륙하게 된 것은 그가 개발한 로켓 덕분이야.

미국에 베른헤르 폰 브라운이 있었다면, 소련에는 세르게이 코롤료프가 있었지. 그는 모스크바공과대학을 졸업한 후 항공기 제트 엔진을 연구하다가 로켓 개발에 뛰어들었어. 하지만 국고를 낭비했다는 모함으로 시베리아 강제 수용소에 갇혀 숱한 고통을 겪기도 했어.

제2차 세계 대전이 끝나고 독일을 점령한 소련은 독일의 로켓 기술자들을 포로로 데려갔어. 강제 수용소에서 살아남은 코롤료프는 그들과 함께 V2를 개량해 세계 최초의 대륙 간 탄도 미사일을 개발했어. 이를 약간 변형한 우주 로켓 R7은 1957년 세계 최초의 인공위성 스푸트니크 1호(Sputnik 1)를 발사하는 데 성공했지.

소련은 1961년 세계 최초로 인간을 우주로 보냈어. 코롤료프가 개발한 보스토크 우주선을 타고 유리 가가린이 지구 궤도를 처음으로 돈 거야. 코롤료프의 연구는 여기서 멈추지 않았어. 소련 최초의 달 탐사 계획인 '루나 계획'도 그의 손을 거쳤지. 그는 미국의 아폴로 계획과 경쟁하며 소유스 우주선을 개발했지만, 안타깝

소련 우주 개발의 선구자, 세르게이 코롤료프

게 암 수술 중 심장마비로 사망했어. 코롤료프의 삶과 업적은 그가 살아 있는 동안에는 소련에서 일급비밀이었고 그의 이름은 죽고 나서야 공개됐지.

미국과 소련에 비해 한참 뒤늦게 우주 개발에 나선 중국에도 천재적인 우주 공학자 첸쉐썬(錢學森, 전학삼)이 있었어. 중국 항저우에서 태어나 명문 대학인 상하이교통대학을 졸업한 후 미국으로 건너가 캘텍(캘리포니아공과대학교)에서 박사 학위를 받았어. MIT(매사추세츠공과대학교)와 캘텍에서 교수 생활을 하면서 제트추진연구소(JPL)를 설립하는 등 많은 업적을 이루었지만, 공산주의자로 몰려 고난을 당했지. 결국 고국으로 쫓겨났는데, 중국으로서는 오히려 큰 행운이었어. 중국은 그를 미사일과 원자폭탄 개발에 참여시켰고, 1970년 창정(長征, 장정) 로켓

중국 우주 개발의 선구자, 첸쉐썬

을 개발해 둥펑훙(東方紅, 동방홍)이라는 중국 최초의 인공위성을 발사했지. 첸쉐썬은 오늘날 중국이 미국에 맞설 우주 강국이 되는 데 중요한 초석을 마련한 거야. 미국으로서는 좀 후회스럽겠지?

액체 연료와 고체 연료

우주 로켓이 하늘을 날기 위해서는 연료가 필요해. 연료 종류에 따라 고체 연료 로켓과 액체 연료 로켓으로 나누지. 고체 연료는 불꽃놀이에 사용하는 화약이라고 생각하면 돼. 고체 연료에 연료를 태우는 산화제*를 섞어 추진제를 만들면 공기가 없는 곳에서 태울 수 있

*산화제 액체 산소나 산소가 들어 있는 화합물

어. 다루기 쉽고 추진력이 좋고 오래 보관할 수 있다는 것이 장점이야. 하지만 한번 불을 붙이면 중간에 멈추었다가 다시 불을 붙일 수 없다는 단점이 있어.

고체 연료 로켓은 주로 탄도 미사일에 사용돼. 미국이 400기 이상 보유하고 있는 대표적인 대륙 간 탄도 미사일 미니트맨 3호(Minuteman 3)는 3단 고체 연료 로켓이야. 1만 3000km까지 날아갈 수 있지만, 2022년 발사에 성공한 우리나라의 우주 로켓 누리호보다 작아.

탄도 미사일에 액체 연료를 사용하는 경우도 있어. 북한이 2017년 발사한 화성 15호는 2단 액체 연료 로켓이야. 사거리는 8,000~1만 3000km여서 미국 본토를 공격할 수 있을 정도니 미국인들이 두려워할 만하지.

액체 연료 로켓은 액체 연료와 산화제의 양을 조절해서 추진력의 크기를 조정해. 연료가 타는 것을 멈췄다가 다시 점화할 수 있다는 말이지. 대신 구조가 복잡하고 다루기가 까다로워. 액체 연료로는 액체 수소, 탄소와 수소의 화합물인 케로신(등유)이나 메탄, 질소와 수소의 화합물인 하이드라진을 이용해.

액체 연료는 질량이 작고 공간을 작게 차지하는 데다 고체 연료보다 연료 효율이 좋아. 그러나 장기간 보관할 수 없다는 약점 때문에 로켓을 발사하기 직전에 주입해. 누리호가 발사 전 액체 연료를 주입하는 장면을 봤을 거야.

고체 연료 로켓과 액체 연료 로켓이 각각 가진 장점을 혼합한 로켓을 '하이브리드 로켓'이라고 해. 대형 로켓 위에 소형 로켓을 장착한 다단

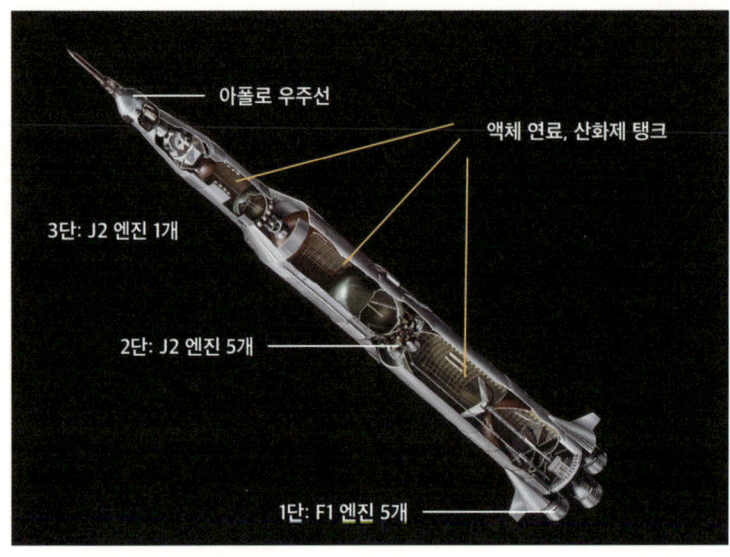

새턴 5호 로켓의 3단 엔진 구조

로켓은 하이브리드 로켓을 많이 사용하는데 대형 로켓이 분리될 때 반작용으로 소형 로켓이 다시 한번 추진력을 얻어. 이 방식을 이용하면 1단 로켓으로 발사할 때보다 연료를 크게 절약할 수 있지.

그만큼 로켓에서는 연료의 종류가 중요해. 소련이 스푸트니크 1호를 발사할 때 사용했던 R7 로켓은 등유와 액체 산소를 사용하는 2단 액체 연료 로켓이었어. 미국 최초의 인공위성을 쏘아 올린 주노 1호는 1단은 액체 연료, 2~4단은 고체 연료를 사용한 하이브리드 로켓이었지. 아폴로 우주선을 우주에 쏘아 올렸던 새턴 5호 로켓은 3단으로 이뤄졌는데, 1단은 5개의 거대한 F1 액체 연료 엔진, 2단은 J2 액체 연료 엔진 5개, 3단은 J2 액체 연료 엔진 1개를 사용했어.

2013년 나로우주센터에서 발사한 나로호는 1단에 액체 연료 엔진, 2단에는 고체 연료 엔진을 사용했어. 하이브리드 로켓이었지. 2022년에 발사한 누리호는 1단부터 3단까지 모두 액체 연료 엔진을 사용했어. 새로운 인공위성을 발사한다는 소식이 들릴 때 어떤 로켓이 사용되는지 관심 있게 봐 두면 좋아.

고체 연료나 액체 연료를 사용하지 않는 비화학 로켓도 있어. 화학 반응을 이용하지 않는 비화학 로켓으로는 전기 추진 로켓, 원자력 추진 로켓, 태양 에너지 추진 로켓이 있어. 자세한 내용은 6장에서 다시 살펴볼 거야.

우주 로켓과 대륙 간 탄도 미사일

뉴스를 보면 우주 로켓을 대륙 간 탄도 미사일로 활용할 수 있다는 이야기가 자주 흘러나와. 우주 로켓이 탄도 미사일로 개발한 V2에서 진화한 것이니까 당연한 이야기지. 거꾸로 대륙 간 탄도 미사일을 만들어 쏠 수 있으면 우주 로켓을 개발할 수 있어.

어떤 나라가 대륙 간 탄도 미사일을 만들 수 있을까? 미국과 러시아뿐 아니라 프랑스, 중국, 인도, 이란 등이 있어. 첨단 무기를 잘 만들기로 유명한 이스라엘도 가지고 있고, 북한은 '화성'이라는 이름의 대륙 간 탄도 미사일을 가지고 있지.

우리나라는 오랫동안 대륙 간 탄도 미사일을 개발하지 못했어. 미국과 맺은 지침에 따라 사거리가 800km가 넘는 무기를 개발할 수 없었기 때문이지. 2021년 이 지침이 해제되면서 우리나라도 더 멀리 날아가는 탄도 미사일을 개발할 수 있게 되었어.

그런데 우리나라가 대륙 간 탄도 미사일을 개발할 이유가 있을까? 우리와 국경을 맞댄 북한에 사용하기 위해서라면 이렇게 멀리 날아가는 미사일은 필요 없어. 지금 가진 무기로도 충분하지. 그러니 강한 군사력을 갖기 위해 막대한 세금을 들여 대륙 간 탄도 미사일을 개발하는 것은 마땅치 않은 일이야. 그보다는 과학과 경제를 발전시키는 우주 발사체를 개발하는 것이 좋지 않을까?

일본도 대륙 간 탄도 미사일을 개발할 능력은 충분하지만 개발하지 않는 이유는 실용적인 우주 로켓을 개발하는 것이 더 이득이라고 생각하기 때문이야.

탄도 미사일은 포탄을 로켓으로 하늘 높이 쏘아 올렸다 떨어지게 해서 멀리 있는 목표물을 공격하는 무기야. '대륙 간'이라는 말이 붙는 건 대륙을 건널 만큼 아주 멀리 있는 목표물도 공격한다는 뜻이지. 특히 대륙 간 탄도 미사일은 핵폭탄을 장착하려고 만드는 경우가 많아. 무거운 물체를 하늘 높이, 지구 바깥까지 보낼 수 있는 기술로 우주 로켓을 만들지, 아니면 다른 나라를 공격하는 무서운 무기를 만들지는 생각해 볼 문제겠지.

우리나라의 기술력으로도 대륙 간 탄도 미사일, 우주 발사체 모두를 만들 수 있어. 2022년에는 자체 개발한 우주 발사체로 인공위성을 쏘아 올리며, 우주 발사체 기술을 가진 열한 번째 나라가 되었어.

발사 시기	국가	우주 발사체	탑재 인공위성	기능
1957년	소련	스푸트니크	스푸트니크 1호	통신 위성
1958년	미국	주노 1호	익스플로러 1호	우주 방사선 측정
1965년	프랑스	디아망 A	아스테릭스	인공위성 기술 시연
1970년	일본	람다 4S	오스미	인공위성 기술 시연
1970년	중국	창정 1호	둥펑훙 1호	인공위성 기술 시연
1971년	영국	블랙 애로	프로스페로	과학 위성
1980년	인도	SLV	로히니 1호	인공위성 기술 시험
1988년	이스라엘	샤비트	오페크 1호	정찰 위성
2009년	이란	사피르 1A	오미드	통신 위성
2012년	북한	은하 3호	광명성 3호	지구 관측 위성
2022년	대한민국	누리호	큐브 위성(4기)	지구 관측 및 과학 실험

세계 각국의 최초 **우주 발사체**

뉴스 속의 우주 로켓

이제 뉴스에 등장하는 유명한 우주 로켓을 살펴보기로 하자. 미국의 새턴 5호, 러시아의 소유스, 미국의 SLS, 스페이스엑스의 팰컨 9호, 유럽우주기구의 아리안, 중국의 창정 등의 이야기를 뉴스에서 들어 봤을 거야.

새턴 5호 (Saturn V)

가장 유명한 로켓이지. 아폴로 유인 우주선을 달에 보냈던 역사상 가장 큰 로켓이니까. 길이가 110m, 무게가 약 2,900톤인데, 30층 건물보다 높고, 18톤 대형 버스 160대와 맞먹는 무게야. 엄청나게 큰 공룡 로켓이지. 달에 대형 버스 3대, 티라노사우루스 5마리를 가져다 놓을 수 있을 만큼 막강한 힘을 가지고 있었어.

새턴 5호는 3단 로켓인데, 1단에는 5개의 강력한 F1 액체 연료 엔진을 사용했어. 5라는 숫자를 사용한 이유를 알겠지? F1 엔진 하나의 추진력은 790톤이나 돼. 우주 왕복선과 SLS에 사용했던 RS25 엔진이 약 230톤이니까, 3배 이상 힘이 센 거야. 우리나라가 개발한 누리호의 1단 액체 로켓 엔진의 추진력이 75톤이니까, 10배가 넘는 성능을 가졌지.

새턴 5호는 미국항공우주국(NASA) 마셜우주비행센터가 개발했어. 우주 로켓을 개발하는 곳이지. 베른헤르 폰 브라운은 주노 로켓을 대체할 새턴 로켓을 개발했는데, 이 로켓은 탄도 미사일을 쏘거나 인공위성을 쏘아 올리기에는 너무 커서 외면을 받았어. 그런데 아폴로 계획이 추진되면서 강력한 우주 로켓이 필요하게 되었지. 새턴 5호는 아폴로 우주선과 스카이랩 우주 정거장을 발사하는 데 13번이나 사용됐어.

소유스(Soyuz)

러시아가 자랑하는 우주 로켓이야. 스푸트니크 인공위성을 비롯해, 보스토크, 보스호드를 탑재해 왔어. 로켓과 같은 이름을 사용하는 소유스 유인 우주선을 발사하는 로켓이기도 해. 4개의 액체 연료 부스터와 2단 또는 3단 액체 연료 로켓을 사용해. 모두 대륙 간 탄도 미사일에 사용했던 로켓 엔진을 개선한 것들이야. 부스터에 사용하

카자흐스탄 바이코누르 기지에서 발사를 기다리는 소유스 로켓

는 엔진의 추진력은 100톤 정도 돼.

아리안 (Ariane)

유럽우주기구(ESA)가 개발했어. 미국과 소련이 우주 경쟁을 벌이던 시절, 유럽의 국가들이 인공위성을 발사하기 위해 1975년 유럽우주기구를 만들고, 아리안 로켓을 개발한 거지. 제작과 발사는 아리안스페이스라는 회사에서 담당하고 있어.

1979년 처음 발사된 아리안 1호 4단 로켓은 1985년 핼리 혜성 탐사선인 '지오토'를 성공적으로 발사해 유명해졌어. 이후 많은 통신 위성을 정지 궤도에 올리며 신뢰를 쌓았지. 1996년 첫 비행에 나선 아리안 5호 로켓은 대형 위성용 발사체로, 2단 액체 연료 로켓이야. 우리나라와도 인연이 깊어. 자체적인 우주 발사 시설이 없던 시절 아리안 로켓으로 우리가 만든 인공위성을 우주로 쏘아 올렸거든. 2010년 천리안 1호 통신 해양 기상 위성, 2018년 천리안 2A호 기상 관측 위성, 2020년 천리안 2B호 대기 환경 감시 위성을 모두 아리안 로켓으로 쏘아 올렸어.

2021년 제임스웹우주망원경을 우주에 올려놓은 것도 아리안 5호 로켓이야. 아리안 5호 로켓의 성공률은 95%로 매우 높아. 아리안스페이스는 현재 더욱 강력하고 효율적인 아리안 6호를 제작하고 있어.

창정 (長征, 장정)

중국이 자랑하는 우주 로켓이야. 중국은 1970년 둥펑훙 1호 인공위성을 실은 창정 로켓을 발사해 자력으로 우주 로켓을 발사할 수 있는 다섯 번째 국가가 되었지. 2003년에는 창정 2F 로켓으로 중국 최초의 우주인을 태운 선저우 5호를 발사하는 데 성공했지. 2011년에는 중국 최초의 우주 정거장 톈궁의 발사를 성공시켰어. 이후 창정 2F 로켓은 선저우와 톈궁의 발사를 계속 성공시켜 국제적인 명성을 쌓았지. 창정 2F 로켓은 4개의 액체 연료 부스터와 2단 액체 연료 엔진을 사용해. 1단 엔진으로 사용하는 액체 연료 엔진의 추력은 83톤으로, 우리나라 누리호보다 조금 커.

팰컨 9호 (Falcon 9)

미국의 우주 탐사 기업 스페이스엑스(SpaceX)가 만든 우주 로켓이야. 팰컨이라는 이름은 영화 〈스타워즈〉의 주인공 한 솔로가 탔던 우주선 밀레니엄 팰컨에서 따왔어. 9호는 9개의 엔진을 묶어 1단 로켓으로 사용한다고 해서 붙인 거고.

팰컨 9호는 우주 로켓의 새 역사를 창조했어. 그동안은 발사에 사용했던 로켓 엔진이 한 번만 쓰고 폐기되는 경우가 많았거든. 막대한 돈을 들여 개발하고 만든 엔진을 한 번밖에 못 쓰고 계속 새 엔진을 써야 하니까 돈이 많이 들었지.

재사용하는 경우도 바다에 떨어진 엔진을 회수해서 쓰는 방식이었는데, 스페이스엑스는 2015년에 발사에 사용했던 팰컨 9호의 1단 부스터를 수직으로 착지시켜 재사용 로켓의 새로운 장을 연 거야. 이렇게 로켓을 회수해 재사용하는 기술은 현재 전 세계에서 스페이스엑스가 유일하게 가지고 있는데, 다른 회사들도 재사용을 할 수 있는 로켓 엔진을 계속 개발하고 있어. 재사용 로켓 덕에 팰컨 9호는 로켓 발사 비용을 크게 줄였어. 1kg을 우주에 발사할 때 미국의 아틀라스 5호는 약 2만 달러, 아리안스페이스의 아리안 5호는 1만 7000달러가 들지만, 팰컨 9호는 2,700달러 수준이야. 발사 비용을 파격적으로 낮춘 까닭에 고객이 크게 늘었고, 수익도 많아져 우주 산업이 발전하는 계기가 되었지.

팰컨 9호가 주목받은 다른 이유는 한 번에 인공위성 50~60개를 지구 저궤도에 올릴 수 있기 때문이야. 낮은 궤도에 인공위성을 띄우면 정지 궤도 위성에 비해 지구와 거리가 가까워서 고속 통신을 제공할 수 있지. 대신 위성 하나하나가 담당하는 지상의 면적이 좁아지기 때문에, 전 지구 영역을 감당하기 위해서는 많은 위성을 띄워야 해.

팰컨 9호의 업적은 대단해. 미국 우주 로켓 중 가장 많은 발사 기록과 가장 많은 인공위성을 쏘아 올린 기록을 보유하고 있지. 2010년 6월 처음 발사한 이래 2024년 6월까지 352회 발사했어. 2023년에는 97회를 발사해 1979년 소유스가 보유했던 한 해 최다 발사 기록인 47회를 훌쩍 넘어섰어. 일주일에 두 번 가까이 우주 로켓을 발사했지. 지금까지 팰컨 9호로 쏘아 올린 인공위성은 6,000개가 넘어(2024년 6월 기준). 이 숫자는 급격하게 늘어날 거야. 2020년에 우리나라 최초의 군사용 통

미국 캘리포니아주 반덴버그 공군 기지에서 발사되고 있는 팰컨 9호

신 위성 아나시스 2호를 쏘아 올린 것도 팰컨 9호야. 2022년에는 국내 최초 한국형 달 궤도 탐사선 다누리도 발사했어. 이때 사용한 1단 로켓은 여섯 번째 재사용한 거야.

팰컨 9호는 국제우주정거장(ISS)에 화물과 우주 승무원을 나를 때도 사용돼. 팰컨 9호는 2012년 국제우주정거장과 처음 도킹에 성공했어. 도킹이란 두 대의 우주선이 우주 공간에서 만나 연결되는 것을 말해. 팰컨 9호가 우주로 보내는 우주선에는 '카고 드래건'과 '크루 드래건'이 있어. 카고 드래건은 화물을 옮기는 무인 우주선이고, 크루 드래건은 사람을 태운 유인 우주선이야. 최대 7명의 승무원을 태우는 크루 드래건은 2020년 국제우주정거장 시험 비행에 성공했어. 인간을 국제우주정거장에 데려간 최초의 민간 우주선이 된 거지.

SLS(Space Launch System)

우주 발사 시스템(Space Launch System)은 미국이 엄청 돈이 들어가는 우주 왕복선을 폐기한 다음 그 엔진을 다시 이용해 개발한 우주 로켓이야. 2022년 11월 달 탐사선 아르테미스 1호를 성공적으로 발사하면서 세상에 이름을 알리기 시작했어.

SLS 로켓은 2개의 고체 연료 부스터와 1개의 중앙 코어 액체 연료 로켓으로 이뤄져 있어. 상황에 따라 코어 로켓 위에 2단 로켓을 얹지. 4개의 RS25 엔진은 우주 왕복선에서 사용했던 엔진을 개량한 거야. 여기에 부스터의 힘이 더해진 SLS 로켓의 추진력은 아폴로 우주선을 쏘아 올린 새턴 5호보다 15% 이상 강력해. 달을 넘어 화성까지 보낼 것을 염두에 두고 개발했기 때문이지.

로켓 이름	소속	로켓 종류	길이	탑재량	특징
새턴 5호	미국 NASA	3단 액체 로켓	110.6m	118톤	아폴로 우주선
소유스-FG호	러시아 연방우주국	2단, 3단 액체 로켓, 액체 부스터	49.5m	7.1톤	국제우주 정거장 (이소연)
아리안 5호	유럽 우주기구	2단 액체 로켓, 고체 부스터	59m	21톤	천리안, 올레 1호. 제임스웹
창정 2F호	중국 국가항천국	2단 액체 로켓, 액체 부스터	62m	8.4톤	선저우, 텐궁
팰컨 9호	미국 스페이스엑스	2단 액체 로켓	70m	22.8톤	최초의 재사용 가능 로켓
SLS 블록 1호	미국 NASA	1단 액체 로켓, 고체 부스터	98m	27톤	아르테미스
스타십	미국 스페이스엑스	2단 액체 로켓	120m	100톤	개발 중
누리호	한국 항공우주 연구원	3단 액체 로켓	47.2m	1.5톤	한국 최초 우주 발사체

세계 각국의 주요 로켓

우주 여행을 돕는 유인 우주선

우주 로켓에 탑재해 우주로 쏘아 올리는 것에는 여러 가지가 있어. 천리안 위성과 같은 인공위성도 있고, 보이저호처럼 우주를 여행하는 우주 탐사선도 있지. 우주 로켓을 개발하면서 가장 큰 관심사는 인간도 우주에 갈 수 있을까 하는 것이었어. 우주 개발 초기 역사에서 가장 앞서 있었던 미국과 소련은 인간을 우주로 보내는 일에서도 경쟁을 했어.

소유스 우주선(Soyuz)

소련이 개발한 소유스는 1968년 처음 우주 비행사를 탑승시킨 이래 2024년까지 140회 이상 우주 여행을 다녀온 가장 역사가

소유스 TMA 우주선의 구조

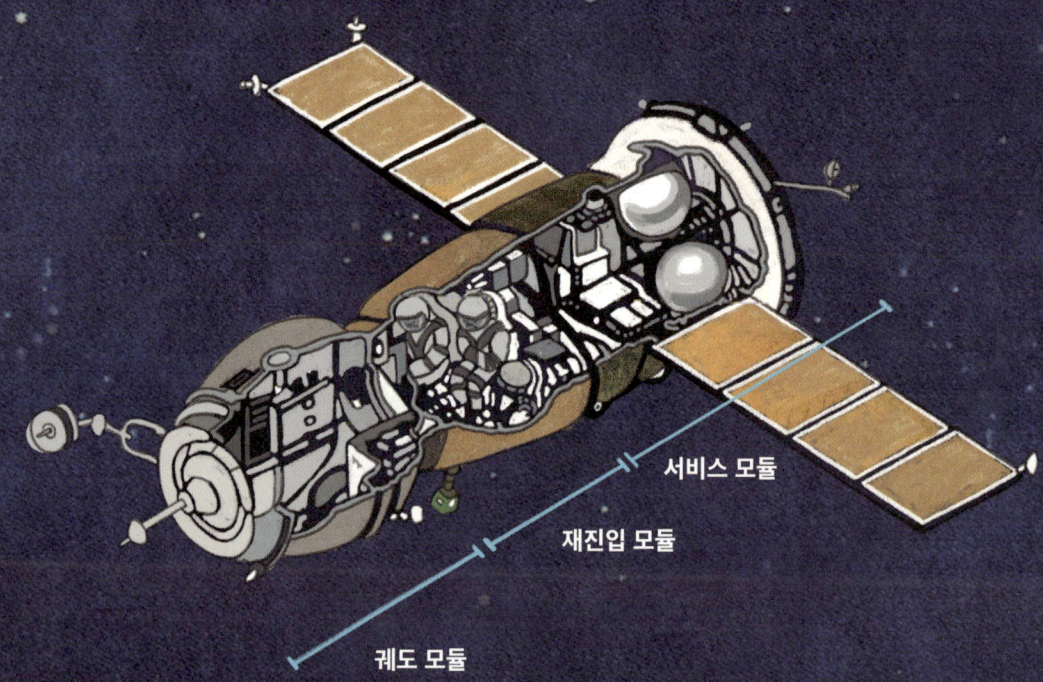

서비스 모듈
재진입 모듈
궤도 모듈

깊은 유인 우주선이야. 지금까지 가장 많은 우주 비행사가 탔어. 우리나라 최초의 우주인 이소연 박사도 이 우주선을 탔지. 3명이 탑승할 수 있고, 30일 동안 생활할 수 있도록 설계되었어.

소유스 우주선은 세 부분으로 이뤄져 있어. 먼저, 거주 공간인 궤도 모듈은 식사 공간과 화장실을 갖추고 있어. 생명 유지 시스템이 대기와 비슷하게 질소와 산소가 혼합된 공기를 공급하고, 호흡으로 배출한 이산화탄소를 흡수해 쾌적한 환경을 제공해. 또 오줌을 정화해 식수로 사용하고 실험 장비나 화물처럼 재진입에 필요하지 않은 것들을 보관해. 맨 끝에는 다른 우주선과 연결하는 도킹 장치가 있어. 최신 모델에는 밖을 내다볼 수 있는 유리창도 갖추고 있지.

재진입 모듈은 지구로 돌아올 때 사용하는 공간이야. 대기권을 통과할 때 공기 압축으로 1,500 ℃ 이상의 높은 열이 발생하는데, 높은 열로부터 승무원을 보호해 줄 내열 덮개가 있지. 우주선을 원형 포물면으로 설계한 이유도 이와 관련이 있어.

재진입 모듈이 궤도 모듈과 서비스 모듈과 분리되어 대기권으로 진입하면 대기와의 마찰 때문에 속도가 어느 정도 늦춰지고 지표면에 가까워지면 낙하산을 펴서 착륙하게 돼. 착륙은 대체로 새벽에 이뤄지는데, 착륙선이 태양 빛을 받아 빛나면 헬리콥터가 이를 보고 구조하기 쉽기 때문이지.

서비스 모듈에는 우주선에 필요한 온도 조절, 전력 공급, 통신 장비, 엔진 등이 설치되어 있어. 서비스 모듈 외부에는 태양 전지판이 부착되어 있어서 전기를 생산해.

소유스 우주선은 오랫동안 우주 여행을 하면서 최신 기술을 도입해 계속 업그레이드를 해 왔어. '소유스 TMA'는 가장 최근 모델이야. 기존 TM 모델은 키 162~183cm 의 승무원만 탈 수 있었지만, 최신 TMA 모델은 150~190cm로 탑승 가능 신장 범위가 늘어났어. 몸무게 범위 역시 56~85kg에서 50~95kg으로 늘었지. 더 많은 사람이 우주 여행을 할 수 있게 된 거야.

우주 왕복선(Space Shuttle)

재사용하기 위해 개발한 미국의 유인 우주선이야. 미국은 1인승 머큐리호, 2인승 제미니호, 3인승 아폴로 우주선을 개발한 뒤에 우주 정거장을 오가는 새로운 개념의 유인 우주선을 개발했어. 존 F. 케네디 대통령이 세운 아폴로 계획을 계승해 완성한 리처드 닉슨 대통령의 작품이지.

우주 왕복선의 공식 이름은 '우주 운송 시스템(Space Transport System)'이야. 우주 왕복선 미션에 'STS'라는 약자가 붙는 이유지.

우주 왕복선은 세 부분으로 구성되어 있어.

3개의 액체 연료 로켓 엔진을 단 궤도선은 사람과 물건을 싣고 우주 정거장까지 갔다가 지구로 귀환해. 우주 왕복선 궤도선은 비행기처럼 생겼지만, 대기권에서는 날 수 없어. 그래서 지상의 공항을 옮겨 다니려면 다른 항공기의 등에 업혀 다녀야 해.

한 쌍의 고체 연료 로켓은 궤도선을 약 45km 지점까지 올려놓고 분리돼. 분리된 고체 연료 로켓이 낙하산을 펼쳐 바다로 떨어지면 회수해 다시 사용하지. 중앙의 커다란 오렌지색 연료통은 액체 수소와 액체 산소를 담고 있어. 궤도선에 추진제를 공급하는 연료통은 약 110km에서 분리돼 지구로 떨어지다가 불타 없어져. 결국 우주 공간에는 궤도선만 남게 되는데, 여기까지 오는 데 약 8분 30초가 걸려. 이때부터 궤도선은 2개의 조그만 로켓 엔진을 켜서 우주 정거장까지 날아오르지.

우주 왕복선의 전체 길이는 56m야. 국제우주정거장까지 화물 16톤을 나를 수 있지. 1981년 처음 비행을 시작한 이후 2011년 마지막 비행을 마칠 때까지 총 135회의 임무를 수행했어. 그동안 국제우주정거장에 우주 실험실을 만들었고, 허블우주망원경, 갈릴레오, 마젤란, 율리시스 등과 같은 인공위성과 우주 탐사선을 쏘아 올렸지.

우주 왕복선에는 엔터프라이즈호, 컬럼비아호, 챌린저호, 디스커버리호, 애틀랜티스호, 인데버호 등 6대가 있었어.

엔터프라이즈호(Space Shuttle Enterprise)는 시험용으로 활용됐고, 현재 미국 뉴욕 인트레피드 해양항공박물관에 보존되어 있어. 영화 〈스타 트렉〉의 우주선에서 이름을 땄어.

컬럼비아호(Space Shuttle Columbia)는 1981년 최초로 우주 비행사를 태워 우주 여행에 나섰어. 28번이나 우주 비행을 하며 여러 가지 우주 실험을 수행했어. 안타깝게도 2003년 지구로 돌아오면서 폭발하고 말았지.

챌린저호(Space Shuttle Challenger)는 컬럼비아호 다음으로 발사된 우주 왕복선인데, 1986년 열 번째 비행에 나설 때 폭발 사고로 7명의

허블우주망원경을 설치했던 우주 왕복선 디스커버리호

우주 비행사가 목숨을 잃었어.

디스커버리호(Space Shuttle Discovery)는 39번 우주에 다녀왔어. 허블우주망원경을 지구 궤도에 설치한 것으로 유명해. 현재 스미스소니언 항공우주박물관에 전시돼 있어.

애틀랜티스호(Space Shuttle Atlantis)는 33회 우주 비행을 성공했고, 2011년에 퇴역한 뒤 지금은 케네디우주센터에서 볼 수 있어.

막내인 인데버호(Space Shuttle Endeavor)는 25번의 우주 여행을 마치고 LA에 있는 캘리포니아과학센터에서 쉬고 있어.

그런데 미국이 더 이상 우주 왕복선을 운행하지 않는 이유는 뭘까? 고체 연료 로켓을 재사용하긴 했지만 비용이 너무 많이 들기 때문이야. 1986년 챌린저호, 2003년 컬럼비아호의 사고를 겪은 뒤에는 우주선의 안전성도 문제가 됐지. 그래서 한동안 미국은 국제우주정거장을 방문할 때 러시아의 소유스를 이용할 수밖에 없었어. 처음부터 잘못 욕심을 부린 거야.

선저우 (神舟, 신주)

중국은 소련, 미국에 이어 세 번째로 유인 우주선을 개발한 나라야. 2003년 발사된 중국 유인 우주선 선저우 5호는 중국 최초의 우주인을 태우고 지구를 14바퀴 돌고 21시간 뒤에 내려왔어. 선저우는 점차 다양한 우주 여행 기술을 익혀 나갔어. 6호는 2명이 5일간 우주 여행을 수행했고, 7호는 첫 우주 유영에 성공했어. 9호는 톈궁 1호와의 도킹에 성공했어. 드디어 우주 정거장을 오가는 유인 우주선으로

서의 자격을 갖춘 것이지.

우주 탐험은 계속된다

유인 우주선을 만든 나라는 러시아(소련 포함), 미국, 중국 등 셋뿐이지만, 민간 기업에서도 개발하고 있어.

스페이스엑스의 크루 드래건은 2020년 민간 기업의 유인 우주선으로는 처음으로 국제우주정거장에 도킹하는 데 성공했어. 민간 우주 여행 시대를 연 것이지. 크루 드래건은 팰컨 9호처럼 재사용 가능한 유인 우주선이야.

보잉이 개발한 '스타라이너'도 재사용이 가능한 우주선이야. 크루 드래건과 크기나 승선 인원은 비슷해. 스타라이너는 2024년 6월 처음으로 국제우주정거장 도킹에 성공했어. 앞으로 크루 드래건과 멋진 우주 여행 경쟁에 나서겠지.

이 밖에도 우주 여행을 돕는 블루오리진의 '우주 캡슐', 버진갤럭틱의 '스페이스십2 유니티'가 있지만, 전통적인 유인 우주선이라고 보긴 어려워. 저궤도에서 짧은 시간 무중력을 체험할 수 있지만, 국제우주정거장에 도킹하거나, 우주에서 생활할 수 있는 우주선은 아니야.

오리온(Orion)

다목적 유인 우주선이야. 승무원이 탑승하는 크루 모듈은 미국이, 우주선을 추진하는 서비스 모듈은 유럽이 개발했어. 6명의 승무원이 탑승할 수 있고, 우주 정거장과 도킹하지 않은 상태에서 21일을 생활할 수 있어. 태양 전지 패널을 갖추고 있어.

오리온의 규모는 아폴로 사령선보다 커. 아폴로 사령선의 지름은 3.9m였지만, 오리온은 5m나 돼. 내부 공간은 아폴로의 2배 가까이 되어서 그만큼 오랫동안 생활할 수 있고, 더 많은 것을 실을 수 있어. 오리온 우주선은 2022년 아르테미스 1호 계획에 처음으로 참가했고 사람이 타기 전에 먼저 마네킹이 임무를 수행했어.

스타십(Starship)

스페이스엑스가 야심차게 개발한 재사용이 가능한 다목적 우주선이야. 지구 궤도, 달, 화성에 승무원과 탑재물을 보내기 위해 만들고 있어. 완성된다면 역사적으로 가장 큰 로켓이 될 거야. 길이가 120m이고, 100톤의 탑재물을 지구 저궤도에 보낼 수 있거든.

스타십의 엔진은 '랩터'라고 하는데, 추진력이 230톤이나 돼. 1단으로 사용하는 로켓은 33개의 랩터 엔진을 사용하고, 6개의 다리가 있어 다시 착륙할 수 있어. 2단 로켓은 6개의 랩터 엔진을 사용해. 2단 로켓은 단독으로도 발사할 수 있어. 스타십은 기존 유인 우주선의 20배나 되는 100명을 태울 수 있는 거대한 유인 우주선이야. 2026년 NASA의 달 착륙 프로젝트 때 우주 비행사들을 태우고 갈 임무를 맡고 있어. 가까운 미래에 화성 정착 기지를 건설할 사람들을 보낼 때도 사용할 수 있지.

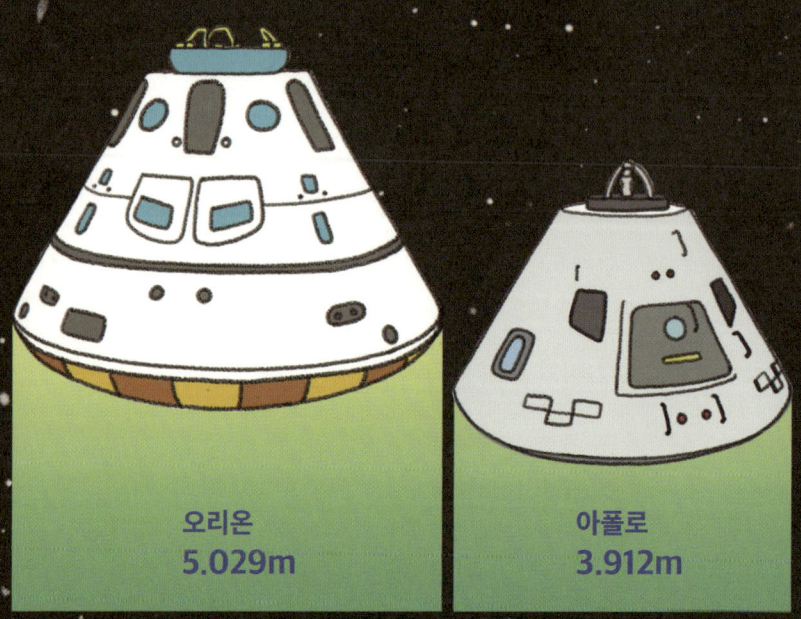

오리온	아폴로
5.029m	3.912m

다목적 유인 우주선, 오리온

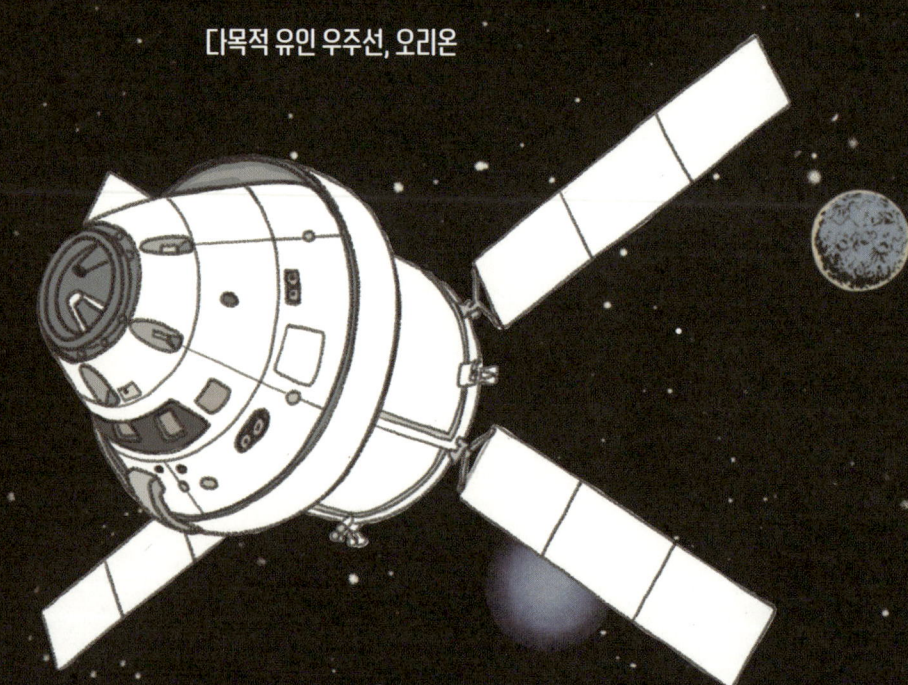

내가 우주 여행을 한다면?

그런데 우주 여행 비용이 얼마나 되는지 궁금하지 않아? 어디를 가느냐에 따라 다르겠지. 예를 들어 우주 왕복선을 타고 국제 우주정거장에 가려면 과거에는 한 사람당 4억 5000만 달러(한화 6238억 원)가 들었어. 그런데 스페이스엑스의 팰컨 9호를 이용하면 6200만 달러(한화 859억 원)가 들어.

화성에 가려면 어떨까? 2020년 화성에 '퍼서비어런스 로버'를 보낼 때 24억 달러(한화 3조 3271억 원)가 들었던 것을 감안하면, 인간을 보낼 때는 훨씬 많은 비용이 들 것으로 예상할 수 있지.

유인 우주선이 갖추어야 할 조건에는 어떤 것이 있을까? 인간이 타는 우주선은 무인 우주선과 달리 반드시 지구로 되돌아올 수 있어야 해. 가장 위험이 따르는 대기권 재진입 기술이 꼭 필요한 이유야. 현재까지 이 기술을 가진 나라는 러시아와 미국, 중국 등 세 나라뿐이야. 민간 기업은 스페이스엑스뿐이지만 보잉도 도전 중이야.

우주 공간에서 인간이 생활할 수 있는 장치도 필요해. 가장 먼저 호흡을 위한 산소 공급 장치가 필요하겠지? 물은 산소와 수소를 이용해 전기를 얻는 연료 전지의 부산물로 얻어. 오줌을 정화해 물을 얻기도 해.

달이나 화성을 향하는 우주선이라면 우주선의 항해를 도울 천문 항법 장치도 필요해. 별자리를 익혀 두는 것도 큰 도움이 될 거야.

우주 로켓은 어떤 원리로 날까?

　풍선을 가지고 놀 때를 생각해 봐. 풍선에 바람을 잔뜩 불어넣고 입구를 막고 있던 손가락을 놓으면 풍선이 휙휙거리며 이리저리 날아가지. 로켓은 풍선이 날아가는 원리를 이용해 만든 비행체야. 여기에는 '작용과 반작용'의 운동 법칙이 작용해.

　영국의 과학자 아이작 뉴턴은 자연에 세 가지 운동 법칙이 있다는 것을 알아냈어. 첫 번째 운동 법칙은 '관성의 법칙'이야. 갈릴레오 갈릴레이가 처음 발견해서 '갈릴레이 법칙'이라고도 해.

　물체는 힘을 가하지 않으면 그대로 정지해 있거나 같은 속도의 운동 상태를 유지하려는 성질이 있어. 이를 '관성'이라고 불러. 자동차가 급히 회전할 때 몸이 회전하는 반대쪽으로 쏠리는 것은 관성 때문이지. 우주 공간에서 추진제를 더 분사하지 않았는데도 우주선이 계속 날아가는 것도 관성 때문이야.

　두 번째 운동 법칙은 '가속도의 법칙'이야. 가속도는 일정한 시간에 이뤄지는 물체의 속도 변화를 말해. 가속도의 법칙은 힘의 크기에 비례하고 질량에 반비례해. 힘을 많이 주면 가속도가 커지고, 물체의 질량이 클수록 가속도 크기가 작아진다는 원리야. 자전거를 탈 때 페달을 밟는 발에 힘을 많이 쓸수록 속도의 변화가 더 커지고, 친구를 태우고 타면 더 힘들다는 것을 경험해 보았을 거야.

　뉴턴이 밝힌 세 번째 운동 법칙은 '작용과 반작용의 법칙'이야. 모든 작용에는 크기가 같고 방향이 반대인 반작용이 존재해. 예를 들어 롤러스케이트를 신은 채 친구를 밀면 서로 반대 방향으로 밀리게 돼. 만약 나만 롤러스케이트를 신고 친구는 운동화를 신었다면 나만 뒤로 밀려나겠지? 모두 작용과 반작용 때문이야.

로켓의 원리는 뉴턴의 작용과 반작용의 법칙에 있어. 로켓 연료를 태워 고속의 기체를 분사하면 그 반작용으로 날아가게 돼. 이 반작용의 힘을 '추진력' 또는 '추력'이라고 하지. 밀어내는 힘이라는 뜻이야. 가벼운 가스를 매우 빠른

속도로 내보내면 무거운 우주선도 쉽게 움직일 수 있게 돼.

우리는 하늘을 나는 비행기를 오래전에 발명했잖아. 그런데 왜 우주에서는 비행기를 운행하지 않는 것일까? 우주에는 공기가 없기 때문이야. 비행기는 반작용의 힘인 추진력을 얻기 위해 공기를 밀어내는 프로펠러를 사용하는데, 우주에는 공기가 없어 프로펠러가 추진력을 만들 수 없어.

제트 엔진을 사용하면 어떨까? 제트 엔진은 로켓과 원리가 같

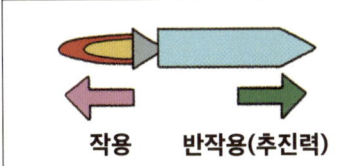

아. 연료를 태워 고속의 가스를 만들어 분사함으로써 추진력을 얻지. 그런데 제트 엔진은 산소가 없으면 쓸모가 없어. 하지만 로켓 엔진은 연료와 산소(산화제)를 함께 사용하기 때문에 공기가 없는 우주 공간에서 자유롭게 날 수 있어.

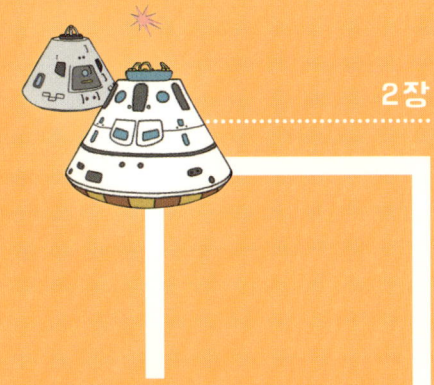

2장

지구 밖 파수꾼 인공위성

인류, 달을 만들다

위성이란 지구와 같은 행성을 도는 천체를 말해. 달은 지구를 도는 위성이지. 그래서 다른 행성을 도는 위성도 달이라고 부르기도 해. 지구에는 달이 하나밖에 없지만, 화성에는 2개, 목성에는 57개, 토성에는 63개, 천왕성에는 27개, 해왕성에는 14개가 있어. 지구보다 태양에 가까운 수성과 금성에는 위성이 없어.

  다른 행성에서 위성을 처음 발견한 사람은 이탈리아 과학자 갈릴레오 갈릴레이야. 그는 1610년 자신이 직접 만든 망원경으로 목성 주변을 도는 천체를 처음 발견했어. 갈릴레이가 발견하고 이름을 붙인 이오, 에우로파, 가니메데, 칼리스토 4개의 위성을 우리는 '갈릴레이 위성'이라고 불러. 갈릴레오가 지구 주위를 돌지 않는 천체를 발견한 것은 중세 지식인들이 믿고 있던 지구 중심의 우주관을 뒤집는 역사적인 사건이었어.

자연에서 생성되어 행성을 도는 자연 위성과 달리, 인간이 만들어 행성이나 위성을 돌게 한 것이 '인공위성'이야. 지구를 돌고 있는 인공위성의 종류는 매우 다양해. 관측 위성, 기상 위성, 통신 위성도 있지만, 우주 비행사와 과학자들이 머무는 국제우주정거장과, 먼 천체를 관측하는 우주 망원경도 지구를 도는 인공위성이지.

인공위성이 가장 많은 나라는 어디일까? 현재 지구를 도는 인공위성은 약 8,000개인데, 미국이 70%를 가지고 있지. 다음으로 중국과 영국이 각각 10%, 러시아가 3.5%, 일본이 1.5%야. 우리나라는 지금까지 30여 개의 인공위성을 발사했어.

민간 기업으로는 미국 회사 스페이스엑스가 가장 많은 인공위성을 가지고 있어. 약 6,000개를 운영하는 세계 최대 인공위성 기업이지. 스페이스엑스는 지구 저궤도에 1만 2000개 이상의 소형 위성을 띄우는 '스타링크 프로젝트'를 추진하고 있어. 전 세계에 사각지대가 없는 인터넷망을 구현하겠다는 꿈을 꾸고 있는 거지. 스페이스엑스 다음으로는 '원웹'이라는 영국 회사가 약 600개의 인공위성을 운영하고 있어.

최초의 인공위성 스푸트니크 (Sputnik)

인공위성은 언제부터 갖게 된 걸까? '스푸트니크 1호'를 들어 보았을 거야. 1957년 소련이 쏘아 올린 최초의 인공위성이지.

1957년은 '국제 지구 물리의 해'였어. 세계 각국의 과학자들은 지구

러시아 우주 박물관에 전시된 스푸트니크 1호

의 환경 변화를 이해하기 위해 다양한 과학 활동을 벌였어. 남극의 빙하를 조사하고, 오랫동안 논쟁을 벌였던 대륙 이동설도 확인했지. 미국 과학자들은 특별히 지구의 자기장과 오로라, 태양 활동을 조사하기 위해 인공위성을 발사할 계획을 수립하고 있었어.

1957년 10월 4일 금요일 밤, 세계 각국의 과학자들은 미국의 수도 워싱턴 D.C.에서 '로켓과 인공위성'에 관한 학술 세미나를 마치고 소련 대사관에 모여 파티를 즐기고 있었어. 그 자리에 참석한 소련 과학자가 술에 취해 오만한 태도로 이런 너스레를 떨었대.

"우리는 조만간 인공위성을 쏘아 올릴 거야. 일주일 아니면 한 달 내로."

장내는 웃음바다가 됐지.

"일주일이라고?"

그런데 과학자들 사이에 끼여 있던 〈뉴욕타임스〉 기자가 한 통의 전화를 받았어. 소련이 스푸트니크 1호를 발사했다는 소식이었어. 그는 파티에 참석한 과학자들에게 소련이 방금 인류 최초의 인공위성을 쏘아 올렸다고 소리쳤어.

"그게 정말로 올라갔어!"

과학자들은 모두 입을 딱 벌릴 수밖에 없었어. 스푸트니크 1호는 이처럼 극적으로 인류에게 우주 시대를 개막했어.

소련은 1950년대에 미국과 대륙 간 탄도 미사일 개발 경쟁을 벌였어. 그런데 미국이 최초의 인공위성을 발사하기 위해 우주 로켓을 개발한다는 소식을 듣고 비밀리에 인공위성 발사를 추진했던 거지. 책임자였던 세르게이 코롤료프는 인공위성 개발에 다음과 같은 임무를 부여했어. 인공위성은 천체의 모습에 가까워야 하고, 그 존재를 널리 알리기 위해 '햄'이라고 부르는 아마추어 무선 활동가들에게 라디오 신호를 송신할 수 있어야 한다는 것이었어. 처음 모습을 드러낸 스푸트니크 1호는 지름이 58cm, 무게는 83.6kg인 공 모양의 인공위성이었어. 4개의 안테나로는 무선 신호를 지구로 보냈지. 세계 각국에서는 우주에서 날아온 최초의 전파 신호를 받고 놀라지 않을 수 없었어. 스푸트니크 1호는 22일 동안 96분 주기로 지구를 돌면서 신호를 보냈지. 비록 92일 뒤 지구로 추락해 불타 없어졌지만, 우주 시대를 연 아이콘으로 영원히 기억되고 있어.

스푸트니크 1호를 보고 놀란 미국은 1958년 1월 31일 미국 최초의 인공위성인 '익스플로러 1호'를 발사했어. 스푸트니크 1호에 비해 3개월 늦게 우주로 갔지만, 최초의 과학 위성이었어. 길이가 2m, 지름이 16cm, 무게가 14kg밖에 되지 않은 미사일 모양의 인공위성 안에는 우주에서 날아오는 방사선을 측정하는 기기가 들어 있었어. 익스플로러 1호는 지구를 둘러싼 도넛 모양의 커다란 방사선 영역 '밴앨런대(Van Allen Belt)'를 발견하기도 했어.

그런데 우리나라 최초의 인공위성은 언제 발사됐을까? 1992년 8월 11일 한국과학기술원(KAIST) 학생들이 제작한 '우리별 1호'가 발사되었어. 스푸트니크 1호보다 34년이 늦었지만, 우리별 1호의 이름도 스푸트니크 1호, 익스플로러 1호와 함께 꼭 기억해 줘.

익스플로러 1호 발사의 주역, 윌리엄 피커링 제트추진연구소 소장, 밴 앨런 교수, 베른헤르 폰 브라운 박사(왼쪽부터)

인공위성이 하는 일

인공위성이 하는 일은 매우 다양해. 인공위성의 임무가 결정되면 그에 맞는 탑재물을 목적에 맞는 궤도에 올려놓아야 해.

내가 지금 있는 이곳은 어디?

인공위성이 하는 첫 번째 역할은 위치와 시각 정보를 제공하는 거야. 미국이 1973년 개발한 GPS라는 위성 항법 시스템이 대표적인 위성이지. GPS는 원래 군사적인 목적으로 개발했어. 병사들이 이동할 때 위치와 시각을 알려 주고, 미사일을 정확한 목표 지점에 보내기 위해서였지. 군사적인 감시 활동에도 이용돼. 예를 들어 북한 지역에 의심스러운 건축물이 들어섰다면, GPS를 통해 그 위치를 정확하게 파악할 수 있어.

미국이 개발한 GPS는 민간에게 무료로 개방하면서 내비게이션, 측량, 지도 제작에 널리 쓰이고 있어. GPS가 내장된 자동차 내비게이션은 운전할 때 아주 편리한 기기야. 탐험가들이 오지에서 길을 잃었을 때도 GPS 장비는 꼭 필요해. 휴대 전화의 위치 정보 확인도 GPS가 있어서 가능한 거야.

GPS의 중요한 기능 중 하나는 시각 정보 제공이야. GPS 안에 있는 원자시계는 세계 곳곳의 위치에 맞는 정확한 시각을 알려 주거든.

그런데 미국이 만약 GPS 정보를 다른 나라에 주지 않으면 어떻게 될까? 자동차, 선박, 항공기의 운항에 큰 문제가 생기겠지. 그래서 러시아는 '글로나스', 중국은 '베이더우', 유럽은 '갈릴레오'라는 독자적인 위성 항법 시스템을 개발해 가지고 있어. 우리나라도 한국형 위성 항법 시스템(KPS)을 개발하는 중이지. 2035년까지 8기의 인공위성을 우주에 띄워 위치, 항법, 시각 정보를 제공하려는 계획이야.

지구에 위치 정보를 제공하는 인공위성은 현재 150개 정도야.

지구촌을 하나로 연결하다

인공위성이 하는 두 번째 역할은 우주 통신이야. 텔레비전, 라디오, 인터넷을 지구촌 곳곳에 중계해. 인공위성이 없던 시절, 과학 소설 작가인 아서 C. 클라크는 해수면으로부터 3만 5800km 떨어진 정지 궤도에 3개의 위성을 올려놓으면 언제 어디에 있든지 통신이 가능하다고 밝혔어. 정지 궤도 인공위성은 지구와 자전 주기가 같아 지구에서 보면 늘 같은 위치에 있기 때문이야.

현재 지구 궤도를 돌고 있는 통신 인공위성은 전체 인공위성의 80%를 차지하고 있어. 인공위성의 가장 큰 기능이 통신이라는 것을 알 수 있지. 우리나라는 1995년 8월 5일 정지 궤도에 처음으로 통신 위성인 '무궁화 1호'를 쏘아 올렸어.

늘 지구를 지켜본다

지구 관측 위성은 통신 위성에 이어 두 번째로 많아. 전체 인공위성의 10%를 차지해. 지구 자원을 조사하고, 날씨, 기후, 환경을 감시하는 일을 해. 산불과 해양 오염을 감시하고, 강물이 범람하는지 살피지. 저궤도를 돌면서 수집한 고해상도의 데이터는 군사적인 목적으로 쓰여. 적의 항공기나 군함, 미사일의 움직임을 추적하는 레이더 정찰 위성도 있지.

우리나라는 '다목적 실용 위성' 아리랑 위성을 운영하고 있어. 아리랑 위성은 산불이나 화산 활동, 북한 핵시설 감시, 도시의 열섬 현상 감시 등 다양한 활동을 위해 5기가 발사됐어. 대표적인 지구 관측 위성이지.

지구 관측 위성 중 기상 위성은 일기 예보를 하고 기상 재해를 막기 위해 구름과 태풍이 어떻게 움직이는지, 크기가 얼마인지를 높은 곳에서 관찰해. 미국의 해양기상청(NOAA)은 기상 위성을 통해 얻은 데이터를 공유해. 국립과천과학관 자연사관에서는 NOAA 기상 위상에서 받은 정보를 토대로 시시각각으로 움직이는 구름 데이터를 볼 수 있는 지구본 형태의 전시물을 운영하고 있어.

기상 위성이 수집한 자료는 위성 센터로 보내져. 우리나라는 충청북도 진천에 국가기상위성센터가 있어. 천리안 위성이 찍은 위성 데이터를 받아 분석하는 곳이지. '천리안 1호'는 2010년에 발사돼 2020년에 수명을 다한 우리나라 최초의 정지 궤도 기상 위성이야. 천리안 1호는 태풍, 집중 호우, 황사 등 위험 기상을 미리 예보하는 데 큰 역할을 했지. 2018년에 발사된 '천리안 2A호'는 적도 상공에서 우리나라 기상에 영향을 미치는 동아시아, 동남아시아, 호주, 서태평양 영역의 구름 분포와 대기 흐름을 관측하고 있어. 기상청에서 이 정보를 이용해 기후 변화를 감시하고 일기 예보를 하지.

지구 밖의 태양 활동과 지구 자기장의 변화와 같은 우주 기상을 관측하는 인공위성도 있어. 지구의 통신에 큰 영향을 미치기 때문이야. 우리나라는 미국의 정지 기상 위성으로부터 태양 활동 자료를 받고 있어.

우주 망원경도 인공위성

우주를 관측하는 인공위성이 있어. 80여 개가 활동하고 있는데, '허블우주망원경(Hubble Space Telescope)'과 '제임스웹우주망원경(James Webb Space Telescope)'이 가장 유명하지.

1990년 미국의 NASA는 허블우주망원경을 우주 왕복선 디스커버리

우주 중심에서 블랙홀을 찾아낸 허블우주망원경

호에 실어 발사했어. 엄청난 돈을 들여 망원경을 우주에 설치한 이유가 무엇일까? 지구 대기의 방해를 피하기 위해서야. 지구를 둘러싼 공기층은 별에서 오는 빛을 약하게 만들거나 굴절시키거나 산란시켜 관측을 방해하거든. 공기층이 없다면 별에서 오는 빛을 더 많이 받을 수 있어. 그래서 대기권 밖에 망원경을 설치한 거지.

허블우주망원경은 지구 표면으로부터 약 547km 위의 우주 공간에서 95분마다 한 번씩 지구를 돌며 우주를 관측했어. 지난 30여 년 동안 많은 신비로운 우주의 모습을 보여 주었고, 우주 나이가 138억 년이라는 사실을 알아냈을 뿐 아니라 우주 중심에서 블랙홀도 찾아냈지.

2021년 크리스마스에는 제임스웹우주망원경이 발사됐어. 허블우주망원경보다 훨씬 크고 성능도 좋아. 허블의 반사경 지름은 2.4m이지만, 제임스웹은 18개의 육각형 거울로 6.5m 크기의 반사경을 만들었지. 거울 크기가 커서 더 많은 빛을 모을 수 있어. 2024년 제임스웹은 134억 년 전의 은하를 발견했어. 빅뱅 이후 2억 9천만 년 뒤에 존재한 가장 오래된 은하야.

제임스웹은 주로 파장이 긴 적외선으로 우주를 관측해. 이보다 파장이 짧은 가시광선으로 관측했던 허블이 볼 수 없었던 것을 보기 위해서지. 먼 우주에서 지구와 같은 외계 행성을 찾고, 더 오래된 별을 관측하고, 암흑 물질을 찾는 데 도움을 줄 거야.

제임스웹은 태양과 반대쪽으로 지구로부터 150만 km나 떨어져 있어. 달보다도 거의 5배가 먼 곳이야. '라그랑주 지점'이라는 곳인데, 태양과 지구의 중력이 균형을 이뤄 우주 망원경이 오래 머물기에 매

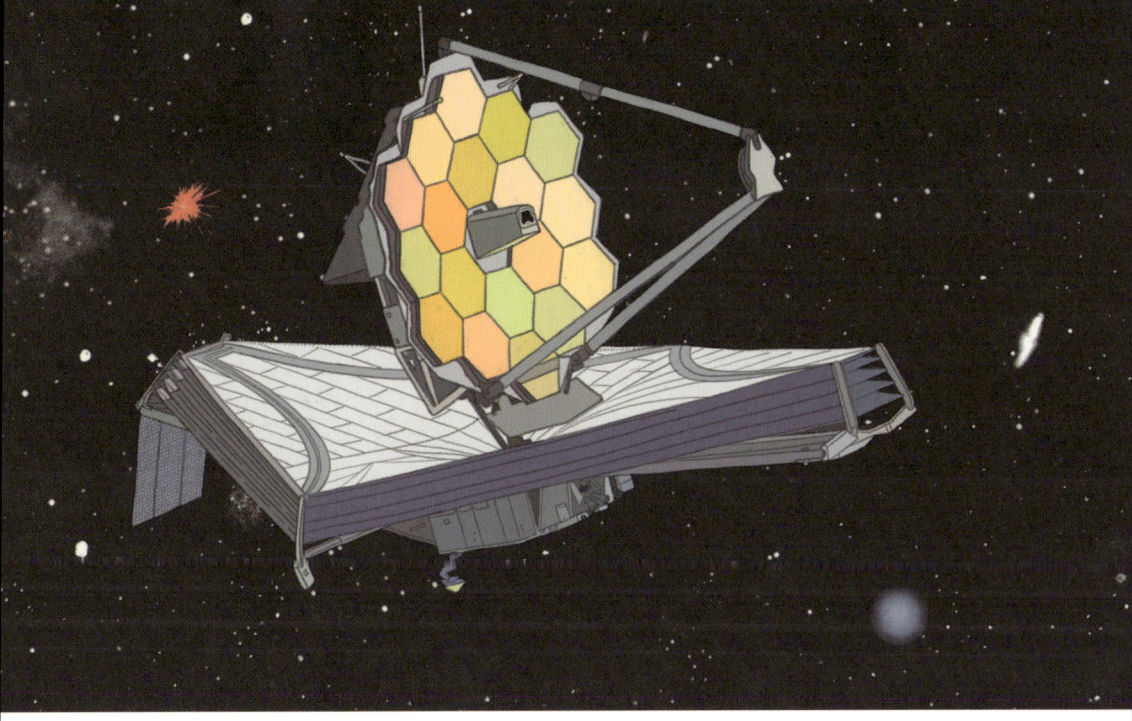

벌집처럼 생긴 제임스웹우주망원경의 반사경

우 안정적인 곳이지.

 인공위성 중에서 우주 망원경만큼 특이한 것은 우주 정거장이야. 다른 인공위성과 달리 인간이 머물면서 지구를 관측하고, 다양한 과학 실험을 할 수 있어. 무중력 공간에서 인간과 생물이 어떻게 적응할 수 있는지 살피는 것도 중요한 목적이지. 우주 정거장에 관해서는 뒤에서 더 자세히 살펴볼 거야.

허블우주망원경(왼쪽)과 제임스웹우주망원경(오른쪽)이 촬영한 독수리 성운.
가스 기둥 사이에서 막 태어난 어린 별을 볼 수 있어서 '창조의 기둥'이라고 부른다.
ⓒNASA / ESA / STScI / 애리조나주립대학교

인공위성의 궤도

인공위성은 지구를 도는 궤도에 따라 종류가 다양해. 적도를 따라 도는 인공위성은 '적도 위성', 남북으로 도는 위성은 '극궤도 위성', 낮은 궤도에서 도는 위성은 '저궤도 위성', 높은 정지 궤도에 있는 위성은 '정지 궤도 위성'이라고 부르지. 저마다 다른 궤도를 도는 것은 이유가 있어.

저궤도 위성은 지표 위 200~2,000km 사이의 낮은 궤도에서 빠르게 돌아. 지구를 한 바퀴 도는 데 90분에서 2시간 정도 걸리지. 고도가 높지 않고 한 번 도는 주기가 짧아 지구 관측이나 정찰 임무를 맡고 있어. 인공위성의 약 84%를 차지할 만큼 많아.

저궤도 통신 위성은 인터넷과 데이터 통신 속도를 높이기 위해 최근 많이 발사되고 있어. 정지 궤도 통신 위성에 비해 전파의 지연 시간이 짧기 때문이지. 지표와 인공위성 사이의 거리가 가까워 전파가 왕복하는 시간이 짧아서야. 그러나 저궤도 위성은 좁은 지역만 볼 수 있기 때문에 정지 궤도 위성보다 더 많은 위성을 쏘아 올려야 해. 다행스럽게도 위성 발사 비용은 크게 줄고 있어.

중궤도 위성은 저궤도와 정지 궤도 사이인 2,000~3만 6000km 사이에서 돌고 있는 GPS와 같은 내비게이션 위성이야. 저궤도 위성보다 고도가 높아 넓은 지역에 서비스할 수 있는 게 장점이지. 그런데 인공위성 중 약 3%만 중궤도를 도는데, 그 이유는 '밴앨런대'라는 방사선대가 인공위성의 선사 시스템을 망가뜨릴 수 있기 때문이지. 중궤도 위성은 밴앨런대를 피해서 발사돼.

정지 궤도 위성은 지구 자전과 같은 속도로 지구를 돌기 때문에 지구 위에 정지해 있는 것처럼 보여. 지구에서 보면 24시간 같은 위치에 있어 안테나를 움직일 필요가 없는 게 가장 큰 장점이지. 고도가 3만 6000km로 매우 높아 넓은 지역을 관측하고 통신할 수 있어. 특정 지역과 항상 연계되고 광범위하게 관측해야 하는 통신 위성과 기상 위성이 주로 이곳을 돌아. 단점은 적도 위에 위치해 자리가 한정되어 있다는 점이야. 인공위성 사이의 간섭을 막기 위해 일정한 각도(2°)를 유지해야 하므로, 국가마다 자리싸움이 클 수밖에 없어. 전체 위성 중 약 12%가 정지 궤도 위성이야.

인공위성은 어떻게 만들까?

　　　　　우주에 발사되는 인공위성은 매우 정교하고 세심하게 만들어져. 우주는 지구와 환경이 크게 다르기 때문이지. 지구에서 가전제품이나 자동차를 사용하다 고장 나면 쉽게 수리할 수 있지만, 우주에서는 부품이 하나라도 고장 나면 큰일이야. 인공위성은 성능이 검증된 비싼 부품을 사용하고 까다로운 시험 과정을 거칠 수밖에 없어.

　먼저 진동 시험이야. 로켓에 몸을 실어야 하는 인공위성은 많은 진동에 시달리게 돼. 물체에는 고유한 진동수가 있는데, 외부 진동이 비슷하거나 같으면 공진이 일어나 인공위성의 부품을 망가뜨릴 수 있어. 그래서 발사할 때 발생할 수 있는 진동의 주파수로 충격을 주어 안전한지를 시험하는 거야.

　음향 진동 시험도 해야 해. 로켓이 발사할 때는 엄청난 소음이 발생하는데, 소리도 공기를 진동시켜 충격을 줄 수 있으므로 부품의 안전도를 시험하는 것이지.

　충격 시험은 로켓을 발사할 때, 인공위성이 들어 있는 탑재체를 로켓에서 분리할 때, 태양 전지판을 펼 때와 같은 충격 상황을 미리 점검해 보는 거야. 만에 하나 이 과정 중 문제가 생기면 인공위성은 무용지물이 될 뿐 아니라, 우주 쓰레기로 변할 테니까.

　열진공 시험은 혹독한 우주 환경에서 인공위성이 살아가는 데 필요한 적응력을 보는 거야. 지구 궤도는 태양 빛이 비출 때는 높은 온도로 올라가고, 태양 빛을 등지면 매우 낮은 온도로 내려가. 극도의 온탕과 냉탕을 오갈 때 인공위성 부품들에 문제가 없고 시스템이 제대로 돌아가는지를 시험하는 거지. 시험은 우주와 비슷한 진공 상태에서 이뤄져.

이 밖에도 지구 자기장과 우주 방사선의 영향이 없는지, 태양 전지판은 잘 펴지는지, 전파 통신은 잘 이뤄지는지 미리 시험하지. 우주에서 일어날 사고 확률을 없애기 위해 과학자와 공학자의 엄청난 노력이 필요해. 인공위성 개발이 세계 최첨단 과학 기술로 불리는 이유지. 우리나라도 그 첨단 기술을 개발하고 있어.

늘어나는 우주 쓰레기

2013년 개봉한 영화 〈그래비티(Gravity)〉는 미국의 우주왕복선, 러시아의 소유스 우주선, 국제우주정거장, 중국의 톈궁 정거장과 선저우 우주선이 등장하는 과학 영화야. 허블우주망원경을 수리하던 우주 승무원이 우주에서 폭파된 인공위성 잔해의 습격을 받아 조난되는 이야기지. 정말 영화 같은 일이 우주에서 벌어질 수 있을까? 인공위성이 너무 많으면 서로 충돌하지 않을까?

결론부터 말하면, 아직 그런 걱정은 하지 않아도 돼. 우주 공간이 넓기도 하지만, 인공위성의 위치를 정확하게 알 수 있기 때문에 사전에 충돌하지 않도록 발사하기 때문이지. 그러나 인공위성 수가 갈수록 늘어나고 있어서 충돌 위험성도 점차 높아지고 있어. 더 큰 문제는 수명이 다한 인공위성이 우주 쓰레기로 남는다는 것이지. 이런 위성을 지구로 회수하거나 대기로 떨어뜨려 불태워 없애지 않으면 영화에서 상

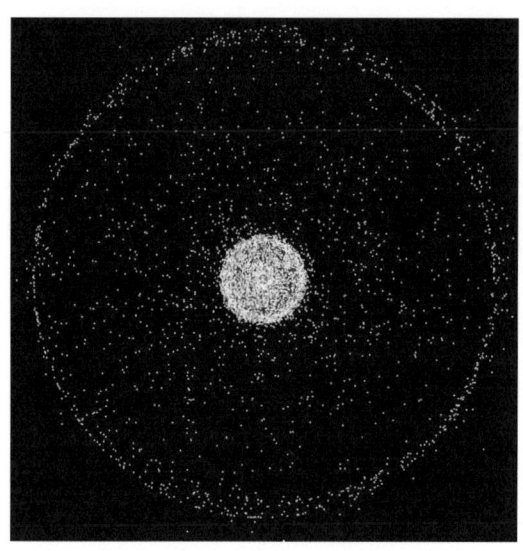

현재 추적 중인 지구 궤도상의 물체를 기록한 이미지.
그림 속 물체의 95%는 정상 작동하지 않는 위성들과 우주 잔해다. ©NASA

상했던 일이 일어날 수도 있겠지.

 우주 쓰레기는 임무를 마친 후 지구 궤도에 버려진 인공위성들, 실어 날랐던 우주 발사체의 잔해들 그리고 인공위성에 남겨진 연료와 배터리가 폭발해 발생한 파편들로부터 생겨. 이것은 우주 궤도를 돌면서 활동 중인 인공위성과 우주 정거장을 위협하지.

 유럽우주기구에 따르면 1957년부터 2022년까지 6,300여 차례 우주 로켓이 발사되어 1만 4450개의 인공위성이 지구 궤도에 올라갔어. 현재 10cm 이상의 인공 우주 물체는 3만 6500개, 1~10cm 크기의 인공 우주 물체는 100만 개나 돼.

인공위성의 궤도에 있는 물체들은 빠르게 이동하는데, 초속 10km로 날아가는 지름 0.3cm 알루미늄 파편이라면 시속 100km로 날아가는 볼링공과 같은 파괴력이 있어. 이런 우주 쓰레기가 많아진다면 우주 쓰레기를 처리하는 산업도 발전하겠지. 2021년 개봉한 영화 〈승리호〉는 우주 쓰레기를 주워 돈을 버는 우주 청소선의 이야기를 다루고 있어.

현재 우주 쓰레기를 처리하는 방법에는 두 가지가 있어. 지구 대기권으로 떨어뜨려 대기와의 마찰을 이용해 완전 연소를 시키는 방법과 운영 중인 인공위성과 부딪히지 않도록 다른 궤도로 옮기는 방법이지.

앞으로 달과 화성 탐사가 많아지면 그곳에서도 우주 쓰레기가 문제가 될 거야. 지구가 멸망한다면 환경 파괴 때문일 터인데, 지구를 떠나 이주한 곳에서도 또다시 환경을 파괴하는 일은 없어야겠지?

인공위성은 어떤 원리로 돌까?

우리 생활에 많은 도움을 주고 있는 인공위성은 1957년 처음 등장했어. 그렇다면 인공위성의 원리를 처음 밝혀낸 것은 언제, 누구였을까?

영국의 과학자 아이작 뉴턴은 1687년 천체 운동에 관한 책《프린키피아》를 출판했어. 이 책에는 인공위성이 지구를 돌 수 있는 원리도 설명되어 있지.

산 위에서 포탄을 쏜다고 생각해 봐. 중력 때문에 포탄의 속도가 작으면 A에, 속도가 크면 B에 떨어질 거야. 그런데 속도가 더 커지면 포탄은 C처럼 지구에 떨어지지 않고 원운동을 하며 계속 돌게 돼. 속도가 더욱더 커지면 포탄은 D처럼 타원운동을 하겠지. 이것이 인공위성이 지구를 도는 원리야.

만약 E처럼 속도가 매우 커지면 지구를 완전히 벗어나게 돼. 이때의 속도를 '탈출 속도'라고 하는데, 달이나 행성으로 우주선을 보내기 위해 필요한 속도지. 지구를 탈출하려면 초속 11.2km의 탈출 속도가 필요해. 지구보다 중력이 작은 달과 화성에서는 더 작은

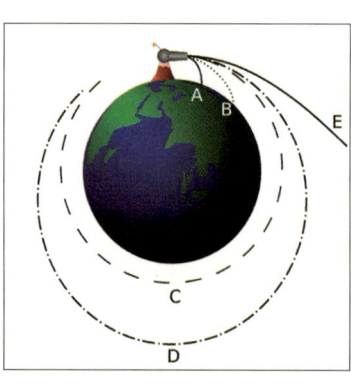

속도로 탈출할 수 있고, 중력이 더 큰 목성에서는 속도가 더 커야 탈출할 수 있어. 적도에서는 지구의 회전 속도가 있어 이보다 작은 속도로도 지구 탈출이 가능해. 그래서 적도 가까이에서 우주 탐사선을 발사하려는 거야. 남아메리카 대륙, 적도 근처의 프랑스령 기아나에 있는 기아나우주센터는 매우 유명하지.

    그런데 인공위성이 지구에 쉽게 떨어지지 않는 이유는 무엇일까? 그 이유는 관성 때문이야. 지구의 중력이 끌어당겨 조금씩 떨어지겠지만 관성 때문에 원운동과 타원 운동을 하거든. 인공위성에는 자체 엔진이 있긴 하지만 궤도 속도를 유지하는 데 쓰지 않고 궤도를 변경하거나 우주 파편을 피할 때만 사용해.

3장

우주에서 살아남기

우주를 향한 꿈

인간은 언제부터 우주로 가고 싶었을까? 어쩌면 우주라는 말이 생기기 전일지도 몰라. 밤하늘에 둥실 떠오른 보름달이나 점점이 박힌 별들을 보고 꿈을 키워 온 선조들이 있었겠지. 아마 처음 꿈꾼 일은 밤하늘에서 가장 크게 빛나는 달에 가는 거였을 거야. 그 꿈을 이루는 데 최초의 인공위성인 스푸트니크 1호가 지구를 돈 이후 불과 12년밖에 걸리지 않았어. 놀랍게도 스푸트니크 1호가 발사된 지 4년 만에 인간은 처음으로 지구 궤도를 돌았고, 12년 뒤에는 아폴로 11호에 탔던 닐 암스트롱이 달 표면을 걷는 데 성공했어. 모두 기적 같은 일이었지.

지금까지 우주 여행을 다녀온 사람은 680명 정도야(2024년 기준). 국가로는 40여 개국이 성공했지. 그동안 우주 여행을 위해 어떤 노력이 있었는지 함께 살펴보기로 하자.

보스토크(Vostok)와 가가린

최초로 우주에 간 사람은 소련의 유리 가가린이야. 가가린은 모스크바 동쪽 그자츠크라는 도시에서 목수의 아들로 태어났어. 공군사관학교를 졸업한 후 공군 비행사가 되었고, 세르게이 코롤료프가 추진하던 '보스토크(동쪽) 계획'의 우주 비행사로 선발됐어.

가가린은 1961년 4월 12일 오전 9시 7분(모스크바 기준) 지구 표면을 이륙해 지구를 한 바퀴 돈 뒤 오전 10시 55분에 착륙했어. 108분 동안 우주 여행을 한 것이지. 보스토크 1호가 올라갔던 가장 높은 지점은 지구 표면으로부터 301km 떨어져 있었어.

가가린은 인류 역사상 처음으로 우주에서 아름다운 지구를 내려다보았고, 무중력을 느끼며, 검은 하늘에서 별을 보았지. 그가 남긴 말은 너무나도 유명해. "우주는 매우 어두웠지만, 지구는 푸르렀다." 지구는 이때부터 푸른 행성이라는 별명을 갖게 된 거야. 가가린이 우주 여행을 한 4월 12일은 '국제 우주 비행의 날'로 기념하고 있지.

소련이 개발한 '보스토크'는 1인승 유인 우주선이야. 책임자였던 코롤료프는 25세에서 30세 사이의 남성을 우주 비행사로 선발했어. 우주선에 탑승할 사람의 키는 175cm 이하, 몸무게는 72kg 이하로 정했지. 몸이 크면 우주선을 크게 만들어야 하고, 연료도 많이 필요하기 때문이야.

유리 가가린을 태우고 우주로 나간 보스토크 1호는 최초의 궤도 비행 기록을 남겼어. 4개월 뒤 발사된 2호는 25시간 지구 궤도를 돌아 최초로 하루를 넘긴 우주 여행이 됐어. 3호와 4호는 1962년 4월 하루 차

최초의 우주인 유리 가가린과 보스토크 1호

이로 발사됐는데, 최초로 우주에서 만나는 랑데부 비행을 했어. 1963년 6월에 발사된 5호는 5일 동안 우주에 머물렀지. 보스토크에는 생활 공간이 없었기 때문에 좁은 우주선 안에서 5일을 버텨야 했어.

  마지막 보스토크 계획인 6호는 1963년 6월 16일에 발사됐는데, 최초로 여성 우주 비행사인 발렌티나 테레시코바가 우주 여행을 떠났어. 우주에 가면 여성에게 어떤 신체 변화가 일어나는지 알아보기 위해서였지. 공장 노동자였던 테레시코바는 낙하산 타기를 취미로 하다가 우주 비행사로 선발되는 행운을 얻었어. 그는 3일 동안 우주에 머물렀어. 26세였던 테레시코바는 최연소 여성 우주 비행사이기도 해.

우주 정거장의 역사

우주 정거장은 인간이 오랫동안 우주에서 살 수 있도록 설계된 인공위성이야. 지구에서 우주선이 오갈 수 있는 장소라는 의미로 우주 정거장이라는 이름을 붙였지. 우주 정거장에는 반드시 '도킹 장치'가 있어야 해. 도킹 장치는 우주 정거장에 필요한 물품을 나르는 화물선과 인간이 오가는 우주선이 우주 정거장과 결합하는 장치야.

지금까지 우주에 건설된 우주 정거장은 '살류트', '스카이랩', '미르', '국제우주정거장', '텐궁' 등 다섯 종류가 있어.

살류트(Salyut)

1971년부터 1986년까지 활약한 최초의 우주 정거장이야. 미국이 먼저 유인 달 착륙에 성공하자, 소련은 유인 우주 탐사 계획의 방향을 우주 정거장 쪽으로 돌렸지. 인간이 우주에서 장기간 머물 수 있다는 것을 보여 주고, 지구에서 할 수 없는 과학 실험을 통해 소련의 과학 기술을 과시하려는 것이었어.

살류트 1호의 성과는 인간이 우주에서 장기간 머물기 위해 필요한 방법을 배우면서 국제우주정거장으로 발전하는 발판을 마련했다는 점이야. 1971년 4월에 발사된 살류트 1호는 1개의 도킹 장치를 가진 길이 15.8m, 지름 4.15m, 무게 18톤인 원통형 우주 정거장이었어. 소유스 11호를 타고 살류트 1호에 도킹하는 데 성공한 3명의 우주 비행사는 23일 동안 우주 정거장에서 생활했지.

살류트 우주 정거장에는 망원경이 설치돼 있어서 우주 비행사들은 최초로 우주에서 별을 관측하고, 계획했던 실험을 하며 우주 생활이 인간에게 미치는 영향을 연구했어. 그런데 끔찍한 일이 벌어졌어. 우주 비행사들이 지구로 귀환할 때 밸브 이상으로 공기가 빠져나가면서 질식사한 거야. 그들은 공기압을 유지하는 우주복을 입지 않고 일반 복장을 하고 있었대. 소유스 11호의 귀환 사고 뒤 대기권에 재진입할 때 우주복을 입는 것이 의무화되었어. 우주 정거장 살류트 1호 역시 우주 궤도에서 오래 버티지 못하고 175일 만에 추락했어.

살류트는 7번 발사됐어. 2호, 3호, 5호는 군사적인 목적, 1호와 더불어 4호, 6호, 7호는 과학적인 목적으로 발사됐어. 1977년 발사된 살류트 6호는 2개의 도킹 장치를 갖춰 동시에 2대의 우주선이 도킹할 수 있었어. 유인 우주선과 화물 우주선이 동시에 오갈 수 있게 되면서 우주 정거장에서 체류하는 기간이 크게 늘었지. 방문할 수 있는 기회가 늘자 체코슬로바키아(지금은 체코와 슬로바키아로 나뉨)와 폴란드, 루마니아, 쿠바 등 소련 우방 국가의 우주 비행사도 방문했어.

스카이랩 (Skylab)

스카이랩은 미국의 첫 우주 정거장이자 독자적으로 운영한 유일한 우주 정거장이야. 소련의 우주 정거장 살류트를 의식하고 급하게 쏘아 올려서인지 1973년 5월부터 이듬해 2월까지 겨우 24주만 운영했어. 스카이랩에는 세 차례에 걸쳐 각각 3명의 우주 비행사가 다녀왔어.

스카이랩은 아폴로 계획을 성공적으로 수행했던 새턴 로켓의 3단 부분을 우주 비행사가 거주할 공간으로 개조해서 만들었어. 여기에 2개의 도킹 장치와 비상 탈출용 장치를 갖췄는데, 우주 비행사를 태우고 달에 오갔던 아폴로 우주선의 사령선과 서비스 모듈의 도킹 장치를 이용했다고 해. 스카이랩은 아폴로 우주선의 변형판이라고 할 수 있지.

스카이랩 안은 매우 비좁아 겨우 식사와 휴식을 위한 공간, 화장실과 샤워실, 수면 공간, 지구와 우주를 볼 수 있는 창 정도만 있었어. 이때는 소변을 식수로 변환시키는 시스템도 없었어. 전기는 태양광 패널과 아폴로 사령선에 있었던 전기 장치를 이용했지. 하늘 실험실(Skylab)이라는 이름처럼 스카이랩은 태양 천문대와 과학 실험 장비를 갖추고 있었어.

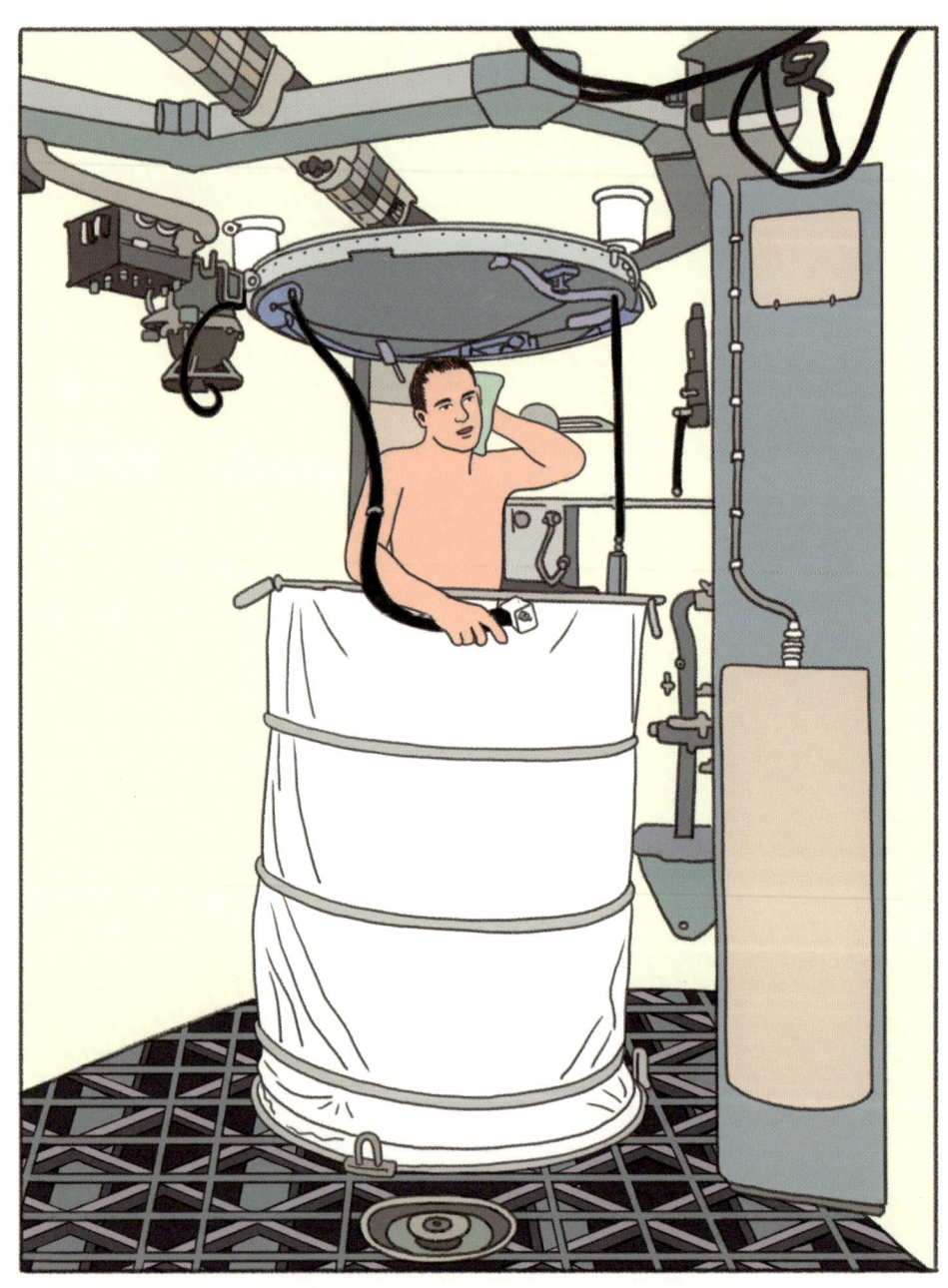

스카이랩에서 샤워를 하고 있는 우주 비행사

스카이랩에는 태양의 X선을 관측할 수 있는 아폴로 망원경이 설치되어 있었어. X선 망원경의 역사는 여기에서 시작됐어. 이탈리아 출신 미국 물리학자 리카르도 자코니가 2002년 X선 천문학 탄생에 기여한 공로로 노벨 물리학상을 받았지. 그는 스카이랩의 아폴로 망원경을 통해 태양의 X선을 연구했어. 이에 앞서 1970년 최초의 X선 위성인 우후루(스와힐리어로 '자유'라는 뜻)를 개발해 최초로 블랙홀이 발견된 백조자리 X1을 관측하기도 했지.

스카이랩의 또 하나 중요한 성과는 인간이 무중력 상태의 우주에서 장기간 머물 때 발생하는 신체의 변화를 알아낸 거야. 대표적인 예가 우주 멀미이고, 뼈의 밀도와 근육량이 줄어드는 현상이지. 우주 정거장 안에 유산소 운동 기구를 설치한 이유는 심장을 튼튼하게 하고, 뼈와 근육의 감소를 막기 위해서야.

미르(Mir)

미르는 '평화'라는 뜻의 이름이야. 여러 개의 공간을 가진 최초의 모듈형 우주 정거장이지. 미국이 살류트보다 큰 스카이랩을 만들자 소련이 자존심 회복을 위해 만든 대형 우주 정거장이지. 우주 공간에서 장기간에 걸쳐 모듈을 하나씩 맞춰 나가는 일은 대단한 과학 기술이고 예술에 가까운 일이라고 할 수 있어. 미르는 1986년부터 2001년까지 15년 동안 운영되었어.

미르는 여러 모듈을 가지고 있었어. 핵심 모듈은 우주 비행사가 머무는 공간인데, 유인 우주선 소유스와 화물선 프로그레스가 도킹할 수 있는 곳이야. 여기에는 수면실, 화장실도 있었어. 크반트 1호는 천체 물리학 실험 공간이야. X선 망원경, 방사선 검출기 등 각종 과학 장비가 들어 있었고, 생명 유지 시스템도 갖추고 있었어. 크반트 2호는 과학 장비는 물론 샤워기, 소변을 물로 재생하는 시스템이 있었지. 크리스탈에는 천문 관측 기기와 온실을 갖춘 생명 공학 실험실이 있었어. 스펙트르는 미국의 우주 왕복선이 도킹해 머무는 공간이었어. 마지막으로 설치된 프리로다에서는 원격 탐사로 지구 자원을 실험했지.

미르는 다양한 기록을 남겼어. 12개국에서 125명의 우주 비행사가 다녀갔고, 2만 3000건의 과학 실험이 이뤄졌지. 의사였던 발레리 폴랴코프는 한 번에 438일을 머무는 대기록을 남겼는데, 우주 생활이 인체에 미치는 영향을 연구하는 데 큰 도움이 됐어. 우주 비행사 세르게이 아브데예프는 여러 차례에 걸쳐 미르에 파견되어 무려 748일 동안 머물렀어.

무게가 134톤에 달했던 미르는 2001년 남태평양에 떨어져 운명을 마칠 때까지 지구를 8만 6000회 이상 돌면서 지구상의 거의 모든 도시 위를 지났어. 미르의 가장 큰 업적은 소련이 미국, 프랑스, 독일과 같은 적대 국가와 협력해 이름처럼 인류 평화를 위한 과학 실험을 했다는 것이지.

미르와 도킹하고 있는 우주 왕복선 애틀랜티스호

국제우주정거장(ISS, International Space Station)

국제우주정거장의 역사는 1998년 러시아의 자르야 모듈과 미국의 유니티 모듈의 도킹에서 시작되었어. 미르가 수명을 다하면서 우주 정거장 비용에 부담을 느낀 러시아와 미국이 협력한 거야. 두 나라는 시스템이 달라 많은 애를 먹었어. 예를 들어 자르야의 도킹 입구는 원형이었는데, 유니티의 도킹 입구는 사각형이었어. 그래서 공기가 새어 나가지 않게끔 두 문을 연결하는 모듈을 개발해 가까스로 도킹에 성공했지. 또 하나의 우주 기술이 탄생한 거야.

국제우주정거장은 현재 15개국 5개 우주 기관이 공동으로 운영해. 2000년 11월부터 지금까지 20년 넘게, 매번 7명 정도의 우주 비행사가 생활하고 있어. 임무 교대가 이뤄질 때는 더 많은 사람이 붐비지. 지금까지 다녀간 우주 비행사는 200명이 넘어.

국제우주정거장은 90분마다 한 번씩 지구를 돌아. 24시간 동안 16번의 일출과 일몰을 경험하는 셈이지. 우주 정거장은 길이가 109m에 달하는 커다란 태양 전지판을 달고 있어 가끔 지상에서도 육안으로 하늘을 나는 국제우주정거장을 볼 수 있어. NASA가 운영하는 웹사이트 Spot The Station(spotthestation.nasa.gov)에서는 국제우주정거장의 위치와 지나가는 시간을 확인할 수 있지. 밤하늘에서 금성보다 밝은 것이 빠르게 움직이면 그게 국제우주정거장이야.

국제우주정거장은 400km 상공에 있는 우주 하우스야. 우주 로켓을 타고 4시간이면 도착하니 생각보다 가깝지? 국제우주정거장의 전체 길이는 109m, 너비는 73m에 달해. 모든 모듈을 완공하기까지는 10년

2031년 임무를 마칠 예정인 국제우주정거장

이 걸렸어. 하지만 사람이 머무는 공간의 크기는 388m³에 불과해. 아파트 한 층의 높이가 2.6m 정도 되니까, 면적이 약 150m²(약 45평) 크기의 아파트 정도지. 중력이 없는 우주에서는 바닥, 벽, 천장의 구분이 없어 공간을 입체적으로 사용할 수 있어.

국제우주정거장에 필요한 과학 장비와 보급품은 미국의 항공 우주 제조 기업 노스롭그루먼의 시그너스, 스페이스엑스의 카고 드래건, 일본 우주항공연구개발기구의 화물선(HTV), 러시아의 프로그레스 등 네 종류의 우주선이 운반해. 국제우주정거장에서 승무원들이 마시는 물도 지구에서 가져가는데, 65%는 재활용되지.

국제우주정거장은 2031년 임무를 마치면 대기권에 재진입한 뒤 남태평양의 '포인트 니모'에 수장될 예정이야. 포인트 니모는 쥘 베른의 소설《해저 2만리》에 등장하는 니모 선장의 이름에서 따온 곳으로, 뉴질랜드 동쪽에 있는 외딴 해역이지. 이곳은 1971년부터 미국과 러시아 등의 우주 쓰레기가 계속 수장되어 온 '우주선 묘지'라고 할 수 있어.

국제우주정거장이 사라진 우주 궤도에는 엑시옴스페이스, 노스롭그루먼 같은 우주 기업들이 우주 정거장을 건설하겠다고 나섰어.

톈궁(天宮, 천궁)

중국은 여러 나라가 함께 운영하는 국제우주정거장과 달리, 독자적인 우주 정거장 톈궁을 운영해. 2011년 톈궁 1호, 2016년 톈궁 2호를 발사했지. 두 우주 정거장은 마치 소련의 살류트가 모듈형 미르를 만들기 전 단계였던 것처럼, 모듈형 우주 정거장인 톈궁 3호(그냥 '톈궁'이라고 부름)의 시험 단계로 이해할 수 있어.

톈궁을 구성하는 중심 모듈이자 우주 비행사의 거주 공간인 '톈허(天和, 천화)'는 2021년 중국의 남쪽 하이난섬에 있는 원창우주기지에서 성공적으로 발사됐어. 2022년에 발사된 두 번째 모듈 '원톈(問天, 문천)'의 주 용도는 실험실이지만, 톈허처럼 3개의 수면실과 화장실, 주방 등 생활 시설을 갖추고 있어 다른 우주 비행사의 객실로도 쓸 수 있지. 같은 해 발사된 세 번째 모듈 '멍톈(夢天, 몽천)'은 원심 분리기, 저온실, 고온 용광로, 원자시계 등 20여 개의 실험 장비를 갖춘 과학 연구실이야. 톈궁은 국제우주정거장 규모의 4분의 1밖에 안 되지만, 중국에서는 독자적인 과학 실험은 물론, 다른 국가와의 과학 실험 협력도 생각하고 있어.

우주 정거장에서의 생활

우주 정거장에 살면 신기한 일이 많아. 외계에서 왔다는 슈퍼맨처럼 날아다닐 수 있고, 공중에 떠다니는 음식을 손도 대지 않고 먹을 수 있어. 중력이 없기 때문이지.

   그런데 중력이 없어서 불편한 점도 많아. 어디가 위인지 아래인지 알 수 없고, 손과 발은 제멋대로 움직여. 처음에는 어지럽고 구토가 나. 지구 중력에 맞게 설계된 우리 몸의 심장과 근육이 혼란에 빠지거든. 특별히 개발된 운동 기구를 이용해 매일 2시간 이상 운동하지 않으면 뼈와 근육이 약해져. 때로 머리가 부어오르기도 해. 내부 공기는 지구와 달리 잘 순환되지 않아 답답해. 양치한 후에는 치약을 삼켜야 하고, 목욕은 물로 하지 못하고 세제와 물티슈로 닦아야 해. 특수하게 만든 변기도 사용하기 쉽지 않아. 오줌은 수거해 식수로 재활용하고, 고체는 따로 모아 우주 쓰레기로 대기권에서 태우지.

우주 정거장의 창은 지구 쪽으로 나 있고 별이 빛나는 우주를 보려면 밖으로 나가야 해. 우주 정거장을 보수하고 업그레이드하기 위해 정기적으로 우주 유영을 수행할 때 볼 수 있지.

우주에서 먹고살기

우주에서 처음 음식을 먹은 사람은 존 글렌이야. 1962년 '프렌드십 7호'를 타고 미국인 최초로 우주에 올라간 그가 튜브에 담긴 사과 주스를 먹음으로써 우주에서 식사해도 문제가 없다는 것을 처음으로 알게 됐어. 그때부터 우주 음식이 발달하기 시작했지.

우주 정거장에는 음식을 만드는 부엌이나 냉장고가 없어. 먹거리는 지구에서 가져간 진공 포장된 것뿐이야. 우주 음식은 튜브에 들어 있거나 딱딱하지. 잘 부스러지는 음식이나 흘리기 쉬운 조미료는 가져갈 수 없어. 부스러기가 실내에서 떠다니면 통풍구를 막거나 기계 장치에 나쁜 영향을 미칠 수 있거든. 그래서 부스러지는 쿠키나 빵은 금지 식품

ISS에 머무는 우주인의 생활 모습 ©NASA

오줌을 정제한 물을 마시며 즐거워하고 있는 ISS의 우주 비행사들

이고, 소금과 후추는 액체 형태로 만들어.

 무중력은 미각에 안 좋은 영향을 미쳐. 체액이 지구에서처럼 발쪽으로 가라앉지 않고 온몸을 자유롭게 돌아다녀 코막힘을 유발하거든. 그래서 제대로 된 냄새를 맡지 못하고 음식 맛도 텁텁하게 느끼지. 그러다 보니 우주 비행사들은 강렬한 맛을 가진, 특히 매운 음식을 선호해.

 과학자들은 우주에서 승무원들이 먹을 음식을 연구하기 시작했어. 안전하면서 맛과 영양을 갖춘 음식이 필요해서야. 무게도 중요해. 소량의 음식도 우주로 보내려면 수십만 원이 들거든. 그나마 위안이라면 다양한 음식을 가지고 간다는 거야. 먹는 것은 언제나 즐거운 일이니까.

 우주식은 기본적으로 우리가 지구에서 먹는 것과 비슷해. 우주로 보내기 전에 오래 보관하면서 먹을 수 있도록 특별한 처리를 한다는 차이점이 있을 뿐이야. 방사선으로 멸균하거나 무게를 줄이기 위해 우주 아이스크림처럼 동결 건조를 시켜. 견과류와 같은 음식은 자연 형태로 먹을 수 있고 장기간 보관이 어려운 채소나 과일은 발사 초기에만 먹을 수 있지.

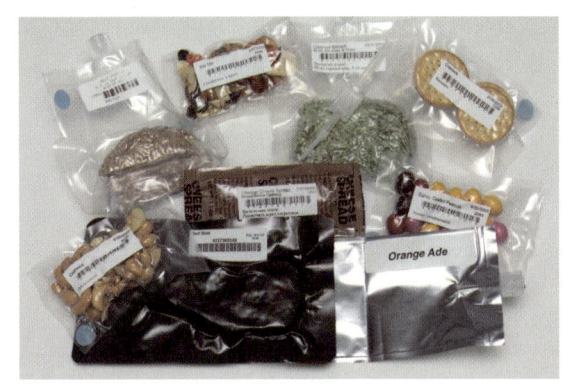

부피와 무게를 줄이기 위해 동결 건조한 우주 음식

2008년 이소연 박사가 우주 정거장에 갈 때는 볶은 김치, 고추장, 밥, 라면, 수정과 등 10가지 한국 음식을 가지고 갔어. 일본도 카레 등 50종의 우주 식품을 개발했지. 우주 식품은 상온에서 오랫동안 보관할 수 있기 때문에 일본에서는 재난이 닥쳤을 때 먹는 재해식으로도 사용된다고 해.

음식은 아니지만 담배나 술은 어떨까? 그것은 엄격히 금지되고 있어. 담배는 산소가 풍부한 우주선 환경에서 화재를 일으킬 수 있고, 연기가 공기 필터를 막을 수 있기 때문이야. 술에 든 알코올이 우주선의 정밀 기기에 영향을 줄 수 있고 화재의 위험이 있어서 술 역시 금지 품목이야.

무중력에서 생기는 일

 우주 정거장은 무중력 상태라고 말하지만, 실제로는 지구 중력이 작용하고 있어. 그래서 '미세 중력' 상태라고 말하기도 하지.

 그렇다면 왜 무중력 상태처럼 느끼는 것일까? 그 이유는 우주 정거장이 '등속 원운동'을 하기 때문이야. 중력과 원심력이 상쇄되어 무중력 효과가 나타나는 거지. 준궤도 비행*의 경우에도 자유 낙하를 통해 무중력을 체험할 수 있어. 로켓을 타고 높이 올라가면, 다시 말해 지구로부터 멀리 떨어지면 무중력이 된다고 오해하기 쉽지만, 자유 낙하나 원운동으로 중력이 상쇄될 때 무중력 상태가 되는 거야.

 무중력에서는 신기한 일이 참 많아. 다큐멘터리에서 보듯 모든 물건이 공중에 떠 있어. 위와 아래의 구분도 사라지. 그래서 중력이 작용할 때보다 공간 활용도가 더 커져. 지구에서 한 면에 발을 디디고 생활할 때보다 중력이 작용하지 않는 우주에서는 3차원 공간을 훨씬 입체적으로 활용할 수 있어. 침대를 천장이나 벽에 설치해도 전혀 이상하지 않거든.

 미세 중력 상태에서 양초에 불을 붙이면 어떻게 될까? 지구에서 흔히 볼 수 있는 유선형 모양의 불꽃이 아니라, 마치 공

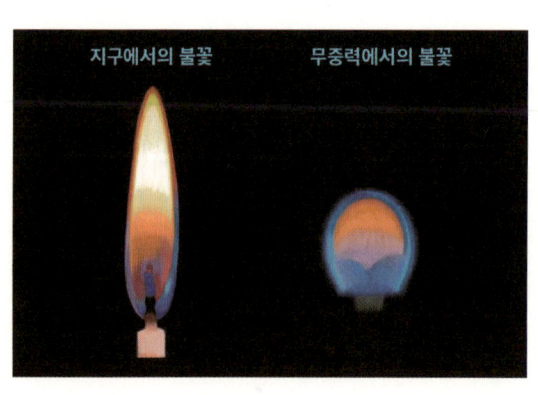

무중력에서의 불꽃 실험

처럼 동그란 모양의 불꽃이 나타나. 중력
이 있는 지구에서는 따뜻한 공기가 가벼워
서 위로 올라가고 차가운 공기가 내려오지
만, 무중력 상태의 우주에서는 가벼운 공

* **준궤도 비행** 우주경계선으로 불리는 고도 100km 상공까지 올라가 하는 비행

기와 무거운 공기가 한곳에 머물게 되거든. 공기가 따뜻해져도 밀도
만 낮아질 뿐 상승 기류를 만들지 못하는 거야. 우주 정거장에서 불꽃
이 둥근 이유지.

우주 생활 Q&A

❶ 우주는 정확하게 어디일까?

　지구가 우주에 떠 있기 때문에 어디를 지구, 어디를 우주라고 해야 할지 헷갈릴 수밖에 없어. 국제 항공 연맹은 지구 대기권과 우주 공간의 구분을 평균 해수면으로부터 100km로 정하고 있어. 이 경계를 처음 구분했던 미국 공학자 시어도어 폰 카르만의 이름을 따서 '카르만선'이라고 불러.

❷ 우주 정거장에 와이파이가 있을까?

　국제우주정거장에서는 와이파이를 사용할 수 있고, 우주 비행사끼리 서로 통신하거나 지구와 통신할 수 있어. 또한 우주복은 네트워크로 연결돼 우주를 유영하는 우주 비행사들끼리 서로 통신할 수 있어.

❸ 무중력에서 식물을 기를 수 있을까?

　중력은 식물이 뿌리를 땅에 내려 물과 영양분을 흡수하는 데 도움을 줘. 그래서 중력이 없는 곳에서는 식물이 자라기가 쉽지 않아. 무중력 상태인 국제우주정거장에서는 '베지'라는 채소 재배 시스템을 이용해 식물을 길러. 우주 비행사들은 상추나 브로콜리, 무와 같은 채소를 길러 먹은 적이 있어. 우주 농업은 장기간 우주 생활을 할 때 도움을 줄 거야.

ISS에서 식물을 기르며
우주 농업 가능성을 연구하는 과학자

❹ 우주 식품에 소비 기한이 있을까?

　소비 기한은 봉지에 표시되어 있어. 우주 식품은 무게를 줄이고 오래 보관할 수 있도록 동결 건조 과정을 거치지만, 오래되면 맛이나 색, 영양이 변하고 안전하지 않을 수 있거든. 현재 기술로는 2~3년까지 보관할 수 있지. 과학자들은 화성에 가기 위해 5년 이상 보관할 수 있는 식품을 개발하고 있어. 소비 기한이 지난 우주 식품은 폐기물 용기에 넣어 지구로 가져오거나 대기권에서 태워 버리지.

❺ 우주 식품에 프라이드치킨, 피자, 콜라, 햄버거가 있을까?

　우주 비행사들은 일반적으로 프라이드치킨, 피자, 햄버거와 같이 고열량, 고지방, 고나트륨 음식은 먹지 않아. 최근에는 다양한 식사를 하기 위해 새롭게 개발해 가져가기도 해. 그러나 콜라와 같은 탄산음료는 액체 내부의 가스 압력 때문에 먹지 않지. 1980년대에 미국의 식음료 회사인 코카콜라와 펩시가 콜라를 우주 식품에 넣으려고 경쟁적으로 로비를 벌였지만 보기 좋게 거절당했어. 그때 개발한 우주용 콜라 캔이 스미스소니언 박물관에 전시돼 있어.

❻ 하얀색 선외 우주복을 입는 이유는 뭘까?

우주 유영을 하거나 달 착륙에 사용하는 선외 우주복이 하얀색인 이유는 강력한 태양 빛을 반사하기 위해서야. 선외 우주복은 우주 비행사를 보호하기 위해 온도와 압력을 일정하게 유지하고, 산소를 공급해 줘. 일부 선외 우주복에는 간편하게 식사할 수 있는 음식 주머니가 달려 있기도 해. 발사할 때와 귀환할 때 입는 선내 우주복은 빠르게 구조할 수 있도록 눈에 잘 띄는 오렌지색이야.

❼ 우주 방사선은 얼마나 위험할까?

우주 방사선은 태양풍과 별들로부터 날아오는 고에너지 입자들인데, 세포와 유전자를 파괴하고 암을 일으킬 수 있어. 지구는 대기와 자기 보호막이 있어 우주 방사선으로부터 안전하지만, 대기권 밖의 국제우주정거장에서는 매우 위험해. 1년간 지구 위에서 받는 방사능을 단 일주일 만에 받을 수 있거든. 그래서 우주복과 국제우주정거장은 특수한 금속으로 만들어 우주 방사선의 피해를 최소화하려고 노력하고 있어.

❽ 우주 비행사는 하루 몇 시간 일할까?

우주 비행사는 그리니치 표준시로 오전 6시부터 8~10시간 일해. 근무 시간에는 세끼 식사 시간과 2.5시간의 신체 운동 시간이 포함돼 있어. 토요일 오후와 일요일은 쉬고, 휴가도 있지. 휴식 시간에는 전화나 이메일로 가족과 연락하거나, 영화를 보고 음악을 듣고 비디오 게임을 즐기기도 해.

❾ 우주 정거장에서 반려 동물을 기를 수 있을까?

현재로서는 불가능해. 우주 정거장 내부는 우주 비행사가 활동하기에도 매우 좁아. 반려 동물이 있다면 생활이 더 불편할 거야. 또 무중력 공간을 이해하지 못하는 동물에게 우주 정거장은 위험할 수 있어.

❿ 무중력 공간에서 요리할 수 있을까?

무중력에서는 음식을 골고루 익히는 대류가 발생하지 않아. 그래서 기름으로 튀기거나 물을 끓이기가 쉽지 않아. 결국 강제 대류 오븐과 같은 장치가 필요해. 여러 가지 식재료와 물이 떠다니지 않게 고정해야 하고, 열이 식재료에 잘 전달될 수 있도록 해야 해. 과학자들은 무중력 공간에서도 요리를 할 수 있도록 연구 중이야. 동결 건조 식품만 먹어야 하는 우주 비행사에게는 희소식이지. 숯불 갈비 같은 음식을 우주에서 먹고 싶다면 너무 큰 욕심일까?

4장

달의 전쟁

가깝고도
먼 달

달은 지구로부터 38만 4000km 떨어져 있어. 지구 지름의 약 30배 거리지. 지구 둘레가 4만 km이니까, 대략 지구를 10번 도는 거리야. 멀다고 생각하면 멀고, 가깝다고 생각하면 가까운 곳이지.

달은 신기한 천체야. 지구에서는 항상 달의 앞면(정확하게는 59%)만 바라볼 수 있어. 아폴로 우주선이 모두 달의 앞면에 착륙했던 이유는 지구를 바라보며 통신할 수 있기 때문이었어. 만약 뒷면에 착륙했다면 지구와 통신할 수 없었겠지.

지구에서 전혀 볼 수 없는 달의 뒷면에 외계인이 살고 있지 않을까 의심하기도 했어. 인류가 달의 뒷면을 처음 본 것은 1959년 소련의 달 탐사선 루나 3호가 최초로 찍어 온 달 뒷면 사진 덕분이었어. 달 뒷면을 직접 본 사람은 1968년 아폴로 8호 탑승자들이었지.

달은 지구에서 가장 가까운 천체인 만큼, 사람들은 직접 달에 가서 그 비밀을 캐고 싶어 했어. 달에서 지구를 바라보면 어떤 기분일까? 달에도 생명체가 있을까?

과학 기술이 발전하면서 달 여행은 더 이상 꿈이 아니게 되었고, 달의 비밀도 풀 수 있게 되었지.

인류 최초의 달 탐사 루나(Luna)

달 탐사에 처음 나선 국가는 소련이야. 러시아어로 '달'을 뜻하는 '루나 계획'을 세워 미국보다 먼저 우주선을 발사했어. 비록 24기 중 15기만 성공했지만, 지금처럼 컴퓨터가 발달하지 않은 시절에 이뤄졌던 일이라는 걸 생각하면 대단한 성과지.

루나 1호는 1959년 1월 발사했는데, 달에 충돌해 도달한다는 목표를 이루지 못하고 우주로 날아가 버렸어. 그래도 지구 궤도를 벗어난 최초의 우주선이라는 명예를 얻었지. 루나 2호는 1959년 9월 달 표면에 충돌하는 데 성공했어. 비록 충돌이었지만, 달 표면에 도달한 최초의 우주선이야. 1959년 10월 발사된 루나 3호는 최초로 달의 뒷면을 촬영한 후 지구로 다시 접근해 영상을 송신했어.

루나 4호부터 8호까지는 실패했어. 1966년 1월 발사한 루나 9호가 최초로 달에 제대로 착륙한 우주선이 되었지. 4월 발사된 루나 10호는 달 주위를 도는 최초의 인공위성이 되었고, 1970년 9월 발사된 루나 16호는 달에 착륙해 샘플을 채취해 돌아오는 데 성공했어. 하지만 1969년 아폴로 11호를 타고 인간이 달에 직접 가서 샘플을 가져온 뒤여서 그 성과는 빛이 바랬지.

1970년 11월 발사된 루나 17호는 달에 처음으로 '루나호드 1호'라는 바퀴 달린 탐사 로버를 보내는 데 성공했어. 무게가 756kg이나 되는 원격 제어 로봇이었어. 통신용 안테나, 텔레비전 카메라, X선 분

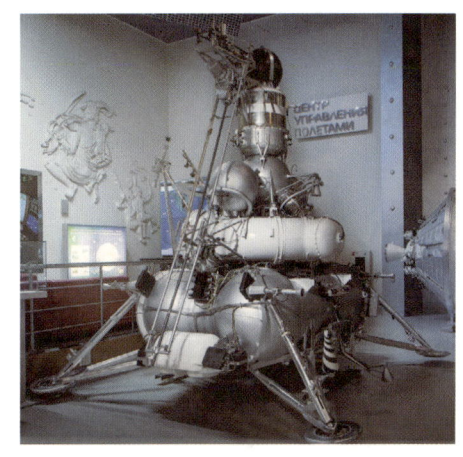

모스크바우주박물관에 전시된 루나 24호 모형
ⓒМузей Космонавтики

광기, X선 망원경, 우주선 탐지기, 레이저 장치를 달고 있었어. 태양광 전지판으로 발전한 전기를 에너지로 사용했지.

루나 계획은 1976년 24호로 끝났어. 루나 24호는 루나 16호, 루나 20호와 마찬가지로 달 표면에서 170g의 달 토양을 채취해 무사히 귀환했어. 루나 24호는 중국의 창어 3호가 2013년 달에 착륙할 때까지 37년 동안이나 마지막 달 착륙선이라는 명예를 지켰지. 그사이에는 어떤 국가도 달 착륙선을 보내지 않은 거야.

루나 계획은 최초의 달 충돌선, 최초의 달 통과선, 최초의 달 뒷면 촬영, 최초의 무인 우주선 연착륙, 최초의 달 궤도선, 최초의 무인 우주선 달 토양 채취 귀환, 최초의 달 탐사 로버 등 많은 성과를 냈지만 달에 인간을 보낸 미국의 아폴로 계획에 모두 밀리고 말았어.

인류 최초의 달 착륙
아폴로 계획

아폴로 계획은 미국이 1961년부터 1972년까지 추진했던 유인 달 탐사 계획이야. 천문학적 비용을 들인, 우주 개발 역사상 가장 큰 계획이었지.

　미국의 우주 개발은 NASA가 주도하고 있어. 제2차 세계 대전의 영웅이었던 드와이트 아이젠하워 대통령은 소련과의 우주 경쟁에서 지고 싶지 않아 1958년에 NASA를 설립했어.

　'머큐리 계획'은 NASA가 만든 최초의 우주인 프로그램이야. 아이젠하워 대통령이 시작했던 계획은 젊고 패기 있는 존 F. 케네디 대통령이 이어받았지. 그런데 소련의 유리 가가린이 1961년 4월 12일 먼저 우주에 올라가면서 미국의 자존심을 구겨 놓았어. 1961년 5월 5일 '프리덤 7' 머큐리 우주선에 탑승했던 앨런 셰퍼드가 15분간 준궤도 비행을 나섰던 것은 미국인이 받은 상처에 조그만 반창고를 붙이는 수준이었어. 가가린은 89분 동안 무중력 비행을 했지만, 셰퍼드의 비행 시간은 단지 5분이었거든. 케네디 대통령은 그동안 황당하다고 생각해 왔던 유인 달 착륙 계획을 다시 검토하기 시작했어. NASA의 두 번째 국장인 제임스 웹이 제안한 우주 계획이야.

우리는 달에 갈 것입니다

정치 감각이 탁월했던 케네디 대통령은 유인 달 착륙 계획이 상처 난 미국인의 마음을 추스르는 데 효과가 있을 것이라고 생각했어. 그는 1961년 5월 25일 의회로 달려가, 10년 내에 사람을 달에 착륙시키고 안전하게 지구로 귀환시키겠다고 말했어. 그리고 이듬해 텍사스주 휴스턴에 위치한 라이스대학교 경기장에서 감동적인 연설을 했지.

"우리는 달에 갈 것입니다. 쉽기 때문이 아니라 어렵기 때문이죠."

베트남 전쟁에 엄청난 돈이 들어가고 있었지만 케네디 대통령은 얼마나 많은 예산이 들어갈지 모르는 우주 계획을 시작한 거야. 바로 '아폴로 계획'이지.

아폴로 계획은 처음으로 지구인을 달에 보내는 만큼 안전을 위해 매우 체계적으로 추진됐어. '레인저 계획'은 인간이 달에 가기 앞서 달의 지형을 조사하기 위해 수립한 것으로, 1961년부터 1965년까지 아홉 차례 레인저 우주선이 발사됐어. 달 표면을 촬영해 지구로 전송하

도록 설계되어 있었지. 성공한 것은 9번 중 3번에 불과했지만, 촬영한 사진들은 아폴로 우주선이 달 착륙지를 선정할 때 유용하게 사용됐어.

가가린의 우주 비행으로 선두를 놓친 '머큐리 계획'은 1961년부터 1963년까지 2년 동안 6번에 걸쳐 우주 여행에 대한 경험을 차곡차곡 쌓았어. 지상에서 할 수 없는, 실제 우주 여행 동안 인간에게 발생할 수 있는 위험 요소를 확인하는 과정이었지. 머큐리는 세 번째 비행에서 가가린과 같은 궤도 비행을 할 수 있었고, 마지막 비행에 나섰던 고든 쿠퍼는 미국인 최초로 우주에서 하루를 보냈어.

'제미니 계획'은 우주 유영, 도킹, 장시간 거주와 같은 우주 비행 기술을 습득하기 위해 마련했어. 1인승 머큐리 우주선과 달리, 제미니 우주선은 2인승 우주선이었어. 제미니는 1965년부터 2년 동안 10번에 걸쳐 우주 비행에 나섰으며, 16명의 우주 비행사가 참여했어. 2번 다녀온 우주 비행사도 있었지. 제미니 계획에 참여했던 우주 비행사는 대부분 아폴로 우주 비행에 다시 참여했어. 아폴로 11호에 탑승했던 닐 암스트롱은 제미니 8호, 버즈 올드린은 제미니 12호, 마이클 콜린스는 제미니 10호 출신이지.

아폴로 11호의 달 착륙 계획은 다음과 같았어. 아폴로 우주선은 사령선, 기계실, 착륙선으로 구성되어 있어. 달 궤도에 도착하면 착륙선은 기계실과 결합되어 있는 사령선에서 분리되어 달 표면에 착륙해. 착륙선은 달에서 활동을 마치고 이륙해서 달 궤도를 돌고 있는 사령선과 다시 도킹하는 거야. 착륙선 안의 우주 비행사가 안전하게 사령선으로 옮겨 타면 착륙선을 달로 떨어뜨려. 지구로 돌아오는 무게를 줄이기 위해서지. 지구 궤도에 돌아오면 사령선은 기계실을 버리고 단독으로 바다로 떨어져. 떨어져 나간 기계실은 대기와의 마찰로 불타 없어지지. 무사히 바다에 떨어진 사령선의 우주 비행사는 정확한 위치를 계산해 구조 함대가 가서 구출해.

이러한 아폴로 11호의 계획은 발사부터 귀환에 이르기까지 모두 성공했어.

아폴로 우주선은 모두 12번에 걸쳐 우주 비행사가 탑승했어. 1967년 아폴로 1호의 화재로 3명이 숨지는 사고가 발생했지만, 7호부터 10호까지 4번의 사전 비행은 성공적이었어. 그리고 11호부터 17호(13호 제외)까지 6번이나 달 착륙에 성공했지.

1969년 7월 아폴로 11호의 닐 암스트롱은 인류 최초로 달 표면에 발자국을 남겼어. 그의 활동은 텔레비전을 통해 전 세계 시청자에게 생방송됐지. "한 인간에게는 작은 발걸음, 인류에게는 거대한 도약"이라는 암스트롱의 달 착륙 소감은 너무나도 유명해. 암스트롱과 버즈 올드린은 달 표면에서 약 2시간 30분 머무르며 21.5kg의 달 토양을 수집해 지구로 돌아왔지. 아폴로 11호의 이야기는 2018년에 개봉한 영화 〈퍼스트맨〉에 잘 묘사되어 있어. 닐 암스트롱과 함께 달을 걸었던 버즈 올드린은 영화 〈토이 스토리〉의 주인공이 되었고.

그러나 아폴로 11호는 많은 음모론에 시달렸어. 첫째, 달 표면에 꽂은 성조기가 펄럭거렸는데, 달에는 공기가 없기 때문에 그럴 수 없다는 거야. 둘째, 달 착륙선이 달에 착륙하기 위해 역추진 로켓 엔진을 사용했는데, 흙먼지가 날리거나 패여 있지 않았고, 셋째, 하늘에 별이 보

지진계와 레이저 반사경을 설치하는
버즈 올드린과 아폴로 11호 착륙선 ⓒNASA

이지 않는데, 스튜디오에서 촬영했기 때문이라는 거지. 모두 그럴듯하지?

하지만 달에 다녀온 확실한 증거가 있어. 여섯 차례의 착륙에서 가져온 월석이 바로 증거지. 월석은 지구에서 볼 수 없는 특별한 성분이 있어 과학적으로 확인할 수 있어. 미국의 휴스턴 우주센터와 스미스소니언 항공우주박물관에 가면 직접 월석을 만져 볼 수 있단다.

우리나라에도 월석이 있어. 아폴로 11호가 가져온 월석 중 네 조각이 대통령기록관에 보관돼 있거든. 아폴로 17호가 가져온 월석은 국립중앙과학관에서 볼 수 있지.

앞서 음모론에서 제기된 문제들은 조금만 생각하면 해결돼. 아폴로 11호 영상을 보면 성조기가 흔들리지 않아. 흔들리는 것처럼 보이도록 디자인되어 있을 뿐이야. 달이 착륙할 때 역추진 로켓을 사용했지만 흙먼지가 발생하지 않은 것은 대기가 없기 때문이고. 하늘에 별이 보이지 않은 것은 밝은 대낮에 촬영했기 때문이야. 태양 빛 때문에 별이 보이지 않는 것이지.

아폴로들의 달 탐사

1969년 11월 아폴로 12호는 1967년 발사한 무인 탐사선 서베이어 3호 근처에 착륙했어. 돌아올 때는 서베이어 3호의 부품을 가져왔지. 발사 때 벼락을 맞아 위험했지만, 무사히 달에 다녀왔어. 이 과정은 처음으로 컬러 텔레비전으로 방송 예정이었지만, 카메라가 태양 쪽으로 향하는 바람에 센서가 타 버렸지.

아폴로 13호는 산소 탱크가 폭발하는 바람에 달에 착륙하지 못하고 돌아온 비운의 우주선이야. 서양인들이 싫어하는 13이란 숫자 때문이었을까? 아폴로 13호는 1970년 4월 11일 13시 13분(미국 중부 표준시)에 발사됐어. 다행스러운 일은 위험한 사고에도 불구하고 모든 우주 비행사가 무사히 지구로 돌아왔다는 거야. 달 착륙에 못지않은 '성공한 실패'였던 아폴로 13호의 이야기는 1995년 영화 〈아폴로 13〉으로 제작됐어. 우주 비행을 실감 나게 표현한 명화지. 영화 속에는 무중력 장면이 많이 나오는데, 아마 무중력에서 촬영한 최초의 영화일 거야.

아폴로 14호의 선장은 미국 최초의 우주인이었던 앨런 셰퍼드였어. 그는 장난기가 넘쳐 달에서 처음으로 골프를 쳤어. 중력 실험의 하나였겠지. 셰퍼드는 달에 착륙한 뒤 "먼 길이었지만, 우리는 왔다."라는 명언을 남겼어. 그의 이름 '셰퍼드'는 블루오리진이 만든 우주 관광 로켓의 이름으로 사용되고 있어.

1971년에 발사된 아폴로 15호는 3일 동안 달 표면에 머물렀어. 처음으로 월면 주행차를 사용했고, 덕분에 착륙지에서 멀리까지 갔다 올 수 있었지. 선장 데이비드 스콧은 공기가 없는 달 표면에서 깃털과

아폴로 17호가 촬영한 지구, 블루마블 ©NASA

지질 조사용 망치를 동시에 떨어뜨려 질량과 관계없이 동시에 떨어지는지를 실험했어. 갈릴레오 갈릴레이가 했던 사고 실험을 달에서 재현한 것이지. 갈릴레이는 무거운 물체가 빨리 떨어지고 가벼운 물체가 늦게 떨어진다는 아리스토텔레스의 이론을 뒤집었던 과학자야. 아폴로 15호가 지구로 가져온 돌 중에는 '창세기의 바위'라는 돌이 있었어. 돌의 나이가 40억 년이나 되었거든.

 1972년 4월에 발사된 아폴로 16호의 월면차는 시속 17km로 달려 '달에서 가장 빨리 달린 바퀴 달린 차' 기네스 기록을 가지고 있어(이 기록은 아폴로 17호의 유진 서넌이 시속 18km로 달려 경신했어. 무거운 월석을 싣고 내리막길을 달렸거든.). 우주 비행사 찰스 듀크는 혹시나 있을지 모를 외계인에게 보여 줄 가족 사진을 달 표면에 남겨 두고 돌아왔지.

 아폴로 17호는 1972년 12월 마지막으로 달에 다녀온 우주선이야. 처음으로 과학자가 달에 방문하는 기록을 세웠어. 달 착륙선 조종사 해리슨 슈미트는 지질학자 출신의 우주인이었어. 아폴로 17호가 지구 궤도를 떠나면서 찍은 지구의 모습은 역사상 가장 유명한 지구 사진이 되었어. '블루마블'이라고 불리는 지구 이미지는 광활한 우주 공간 속에서 외롭게 생명을 품고 있는 지구를 잘 묘사하고 있어, 환경 운동의 상징이 되기도 했지.

아폴로 계획은 미국 과학 기술 역사상 가장 많은 돈을 퍼부었어. 원자폭탄을 개발했던 맨해튼 계획은 5년 동안 22억 달러를 쏟았지만, 아폴로 계획은 14년 동안 258억 달러를 쏟아부었지. 지금의 돈 가치로 따지면 10배는 될 거야.

아폴로 계획이 바꾼 우리의 삶

우주 식품은 식품 보관 기술을 크게 발전시켰어. 동결 건조 우주 식품은 우주선의 무게를 줄여 발사 비용을 줄이려는 목적으로 개발됐어. 우주 식품은 맛과 향, 영양을 보존하면서 수분을 잘 흡수해야 해. 또 변을 보았을 때 냄새가 나서도 안 되지. 이러한 조건들을 충족하기 위해 연구 개발에 힘쓰다 보니 식품 산업에도 영향을 주게 된 거야.

냉각수가 흐르는 우주복은 체온이 올라가는 것을 막아 주는 옷이야. 우주에서 선외 활동을 하면 태양 빛으로 인해 우주복 온도가 엄청나게 올라가거든. 체온 상승을 효과적으로 막는 우주복의 기능은 열에 의해 증상이 악화되는 환자에게 사용되고 있어. 우주 개발을 위한 기술이 의료 기술을 발전시킨 거지.

스프링 타이어는 월면차에 사용됐던 바퀴야. 공기가 들어 있지 않지. 온도 변화가 심하고 날카로운 암석 조각이 널려 있는 거친 달 환경에서 월면차의 바퀴가 견딜 수 있도록 고안한 거야. 절대 펑크가 나지 않지. 건설 현장이나 산악 지대를 떠올려 보면 이 기술이 지구에서도 유용하다는 것을 짐작해 볼 수 있어.

반도체는 우주 기술에서 빼놓을 수 없는 기술이야. 아폴로 우주선을 가볍게 만드는 데 가볍고 작은 컴퓨터를 만드는 반도체 기술은 필수적이었어. 반도체 제조 회사인 인텔이 크게 성장할 수 있었던 것도 아폴로 계획 덕분이었지.

달 탐사는 계속된다

지구에서 달을 보면 검게 보이는 곳이 있어. '달의 바다'라고 불러. 여기에 바다라는 이름을 처음 붙인 독일 천문학자 요하네스 케플러는 달 여행에 관한 《꿈》이라는 과학 소설을 쓰면서, 어두운 부분에 물이 가득 차 있다고 생각한 듯해. 1645년 네덜란드 천문학자 미카엘 판랑런은 달의 어두운 지역을 바다로 표기한 최초의 달 지도를 출판하기도 했어.

그러나 오랫동안 바다라고 믿어 왔던 지역에는 물이 전혀 없어. 바다처럼 보였던 이유는 검은 현무암으로 이뤄진 평원이기 때문이지. 평원이라는 점 때문에 오히려 착륙하거나 달 기지 건설에 좋은 후보지가 될 수 있어. 아폴로 11호가 처음으로 달에 착륙할 때 '고요의 바다'라는 곳을 선택한 이유야. 흥미로운 점은 지구에서 늘 바라볼 수 있는 달의 앞면에 바다가 많고, 뒷면에는 매우 적다는 거야. 왜 그런지는 아직 밝혀내지 못했어.

달에도 물이 있을까?

그렇다면 달에는 물이 없는 것일까? 달은 중력이 작아 물이 존재하기 힘들어. 더구나 태양 빛에 의해 표면 온도가 올라가면 물이 수증기가 되어 우주로 사라지기 쉽지. 1892년 미국의 천문학자 윌리엄 피커링은 여러 가지 측정을 통해 달에 구름과 대기가 없다는 결론을 내렸어. 대기와 구름이 없다는 것도 바다와 물이 없다는 증거야. 지금까지 밝혀진 바에 따르면, 달에는 미량의 대기기 존제히지만, 그 양이 너무 적어 진공 상태나 다름없어. 우주 정거장이 머무는 지구 궤도와 비슷한 수준이지.

과학자들은 1960년대부터 빛이 닿지 않는 지역에 얼음 형태의 물이 존재할 것이라고 의심하기 시작했어. 하지만 아폴로 우주선이 가져온 토양 샘플은 물의 흔적을 전혀 보여 주지 않았어. 1998년 미국의 달 극궤도선 루나 프로스펙터(Lunar Prospector)가 태양 빛이 비추지 않는 지역에서 수소를 찾아내 극지방에 얼음이 있을 가능성을 보여 주었지만, 여전히 확신할 수 없었어.

2008년 인도가 발사한 찬드라얀(Chandrayaan) 1호 탐사선은 달에서 물이 들어 있는 광물을 찾아내는 데 성공했어. 그리고 2009년 NASA의 엘크로스(LCROSS) 탐사선이 얼음이 있을 것으로 추측되는 지점에 의도적으로 충돌하면서 물이 얼음 형태로 존재할 수 있다는 증거를 찾아냈지. 2018년 과학자들은 지금까지 수집한 정보를 바탕으로 달의 얼음 지도를 완성했어. 그 이후로도 유성우가 떨어질 때 달 표면에서 수증기가 증발하는 것을 확인하면서 달에 물이 존재한다는 사실은 더 이상 의심하지 않게 됐어.

그렇다면 달에 물이 얼마나 있을까? 2020년 12월 달에서 토양을 채취해 돌아온 중국의 창어 5호 착륙선이 밝힌 바로는 대략 1톤의 흙에 120g의 물이 들어 있다고 해. 0.01%밖에 안 되지만 무척이나 소중하겠지?

한국·일본·중국의 달 탐사

최근 달 탐사에 관심을 가진 나라들이 늘어나고 있어. 중국, 일본, 한국도 뛰어들었지. 자국의 과학 기술 경쟁력을 높이고 달을 이용할 가능성을 높이기 위해서야.

중국의 달 탐사 계획은 '창어 프로젝트'라고 해. 창어(嫦娥, 상아)는 중국 전설 속의 여신 항아(상아) 이름을 딴 거야. 중국은 2007년 창어 1호를 포함해 5번의 달 탐사 계획을 모두 성공시켰어.

창정 로켓으로 발사한 창어 1호는 달 궤도를 돌면서 미래의 착륙선을 위한 지도를 제작했어. 2010년 창어 2호 역시 달 궤도를 돌았지만, 여기에 또 하나의 임무가 있었어. 지구 근처의 소행성을 탐사하는 것이었지. 2013년 창어 3호는 위투(玉兎, 옥토) 1호라는 로버와 동행했

달 뒷면에 처음 착륙한 위투 2호 로버와 창어 4호 착륙선

어. 위투는 옥토끼라는 뜻이야. 달에 토끼가 산다는 이야기는 많이 들어 봤지?

2018년 창어 4호는 달 뒷면에 착륙한 최초의 무인 우주선이 됐어. 역사적인 현장에는 위투 2호가 동행했지. 중국은 창어 4호가 달 뒷면에 있으면 지구와 통신할 수 없기 때문에 달에서 멀리 떨어진 궤도에 통신 중계 위성 췌차오(鵲橋, 작교, '까치다리'라는 뜻)를 띄워 올렸어.

2020년 창어 5호는 달 궤도선, 착륙선, 샘플 귀환선으로 팀을 구성했고, 중국에서 처음으로 달 토양을 채취해 지구로 귀환하는 데 성공했어. 가져온 토양은 1.7kg이 넘어. 중국은 이로써 미국과 러시아에 이어 달 토양을 가져온 세 번째 국가가 됐어. 그리고 중국은 2024년 6월 물이 많을 것으로 추정되는 달의 남극 지역에 창어 6호를 착륙시키는 데 성공했어.

중국은 언제쯤 유인 달 탐사 계획을 완성할까? 중국국가항천국(CNSA)은 러시아의 로스코스모스와 함께 2035년까지 국제 달 연구 기지를 건설한다고 해. 1968년 개봉한 〈2001: 스페이스 오디세이〉에서는 달 기지를 건설하고 달에 정기 여객선이 오가는 장면이 등장하는데, 영화 같은 일이 이뤄질 날도 점차 가까워지는 느낌이야.

중국처럼 규모가 크지 않지만, 일본도 오랫동안 달 탐사를 해온 나라야. 1990년 발사된 '히텐(ひてん, 飛天)*'은 일본 최초의 달 탐사선이지. 달 연구는 미국과 소련의 달 탐사 경쟁 이후에 한동안 관심이 시들했었는데, 히텐의 발사로 연구의 불씨가 다시 살아났어. 히텐

> *비천(飛天) 불교에서 악기를 연주하고 춤을 추는 천상의 요정이다.

은 달 주변을 지나며 우주 먼지를 측정했어. 히텐은 연료 소모량을 최소화하기 위해 나비 모양으로 멀리 돌아가는 탄도형 전이 궤도를 처음 사용해 유명해졌어. 우리나라의 달 탐사선 다누리도 이 방식을 사용해 달 궤도에 도착했지.

일본은 2007년 달의 기원과 진화를 밝히기 위해 '가구야(かぐや)*'라는 달 궤도선을 발사했어. 가구야가 수집한 자료는 달 전체에 대한 상세한 3D 지도를 만드는 데 사용됐어. 일본은 2024년 1월 소형 달 탐사선 슬림(SLIM)을 달 표면에 착륙시키는 데 성공했어. 러시아, 미국, 중국, 인도에 이어 다섯 번째 달 착륙 성공 국가가 된 거지.

한국의 달 탐사

우리나라도 달 탐사에 나섰어. 우리나라는 2022년 8월 5일 첫 달 탐사선 '다누리'를 발사하는 데 성공하면서 세계 일곱 번째의 달 탐사국이 되었지. 다누리는 가로 1.82m, 세로 2.14m, 높이 2.29m의 달 인공위성이야.

다누리의 임무는 우선 달 상공 100km를 돌면서 고해상도 카메라로 2030년대에 발사할 우리나라 최초의 달 착륙선의 착륙 후보지를 탐색하는 거야. 달 표면 토양 입자의 크기를 분석하고 달 전체의 티타늄 분포 지도를 작성할 편광 카메라도 부착되어 있어. 자기장 측정기는 달 자기장 이상 지역을 파악하고, 감마선 분광기는 자원 탐사를 위

*가구야 일본 전설에 등장하는 달 공주 이름

달 궤도를 도는 한국 최초의 달 탐사선 다누리

해 물과 산소 등 5종 이상의 원소 지도를 작성할 거야.

무엇보다 다누리는 세계 최초로 심우주 탐사용 우주 인터넷 기술을 활용해 지구-달 통신 기술을 시험했어. 지구에서 128만 km 떨어진 곳에서 BTS의 노래 영상을 보내는 데 성공한 거지.

다누리에는 NASA의 고정밀 촬영 카메라 섀도캠(ShadowCam)이 부착되어 있어. 달의 남극과 북극에는 분화구 안쪽처럼 태양 빛이 닿지 않는 영구 음영 지역이 있는데 섀도캠은 이런 곳을 찍을 수 있는 장비야. 다누리는 아르테미스 계획에서 우주 비행사들이 착륙할 후보지들을 정밀하게 탐색할 거야.

아르테미스 계획(Artemis Program)

인류는 아폴로 계획이 끝난 후 50여 년간 달에 발을 딛지 않았어. 엄청난 비용이 드는 데다 실제로 얻는 이익이 없었기 때문이지. 하지만 지금은 달라. 비용을 줄일 우주 기술이 크게 발전했거든.

'아르테미스* 계획'은 2025년까지 달에 우주인을 보내고, 이후 지속적으로 우주선을 보내 유인 기지를 건설하겠다는 목표로 추진되고 있어. 다시 달에 가는 이유는 미래 자원을 확보하고, 화성에 가기 위한 전진 기지로 삼을 수 있기 때문이지. 화성까지의 평균 거리는 5460만 km로, 달까지의 거리의 약 140배야. 미국은 이를 위해 SLS라는 강력한 로켓과 오리온이라는 유인 우주선을 개발했어. 나아가 달 궤도

*아르테미스 그리스 신화의 달과 사냥의 여신 이름

에 인간이 머물 수 있는 '루나 게이트웨이(Lunar Gateway)'라는 우주 정거장도 건설하려고 해.

아르테미스 계획과 과거의 아폴로 계획은 어떤 차이가 있을까? 아폴로 계획에는 여성이 탑승하지 못했지만, 아르테미스 계획에는 여성은 물론 아프리카계 미국인도 탑승할 예정이야. 아폴로에는 3명이 탑승했지만, 아르테미스에는 4명이 탑승해. NASA는 2023년 1명의 여성과 유색 인종을 포함해 4명의 우주 비행사를 최종 선발했지. 이를 위해 앞서 18명(남자 9명, 여자 9명)의 후보를 뽑았어. 이들의 전공은 지질학·생물학·항공우주공학·의학·원자력공학 등 다양해. 한인 2세도 포함돼 있는데, 의학박사 학위를 가진 조니 김(한국 이름 김용)이었어. 하지만 조니 김은 최종 4명의 명단에 들지 못했어. 또 아르테미스 계획은 미국만 참여했던 아폴로 계획과 달리 우리나라를 포함해 많은 나라들이 함께 참여하고 있지.

아르테미스 1호는 2022년 성공적으로 달에 다녀왔어. 여기에 탑재된 오리온 우주선 안에는 인간이 달에 가기 전에 안전을 테스트할 마네킹이 탑승했고 귀여운 강아지 인형 스누피도 탑승해서 무중력이 되면 둥둥 떠올라 무중력임을 알려 주는 역할을 맡았

오리온 우주선을 타고
달 여행을 다녀온 스누피 ⓒNASA

지. 스누피의 달 여행은 처음이 아니야. 1969년 인간이 최초로 달 여행을 떠날 때도 함께했어. 아폴로 10호는 최초로 달 궤도를 돌고 돌아온 유인 우주선인데, 사령선은 '찰리 브라운', 달 모듈은 '스누피'라고 불렸어. 스누피는 사람들이 위험하다고 여겼던 달 여행이 안전하다는 것을 홍보하기 위한 안전 마스코트였어.

NASA는 예정대로라면 2025년 아르테미스 2호를 발사할 계획이야. 4명의 우주 비행사가 오리온을 타고 달을 돌고 귀환하는 계획이지. 달 착륙에 앞서 미리 달 여행이 안전한지를 시험하는 것으로 예전에 아폴로 10호가 맡았던 역할이야. 달 착륙은 2026년쯤 아르테미스 3호에 의해 이뤄질 거야. 역사적으로 첫 여성과 첫 유색 인종이 달 표면을 밟게 되겠지. 아르테미스 3호의 착륙지는 달 남극이 될 거고.

NASA는 아르테미스 3호 이후 매년 우주인을 달에 보낼 계획이야. 이를 위해 달에 기지를 건설하고 달 오두막, 로버, 이동식 주택을 설치하려고 해. 베이스캠프가 마련되면 최대 2개월까지 달 표면에 머물 수 있어. 달 남극은 베이스캠프를 설치하기에 이상적인 곳이지. 24시간 태양이 지지 않아 태양광 발전이 가능하고, 물을 공급할 얼음이 있어. 물은 산소와 수소로 분리해 인간이 호흡하거나 로켓 연료로 사용할 수 있거든. 베이스캠프는 4명이 머물 수 있도록 설계한 시설이야.

NASA는 달에서 돌아다닐 때 유용한 달 지형 차량(Lunar Terrain Vehicle, LTV)을 개발하고 있어. 최대 시속 20km로 움직일 수 있지. 개방형 차량이어서 우주복을 입고 타야 해. NASA는 새로운 달 우주복도 개발하고 있어.

달 궤도에 설치될 우주 정거장 루나 게이트웨이는 다양한 시설을 갖출 예정이야. 지구에서 찾아오는 오리온 우주선, 물류 보급선, 달 착륙선을 위한 도킹 포트를 갖추고, 우주인들이 생활하고 연구할 공간도 있지. 과학 기기들은 태양에서 날아오는 입자들을 관찰하면서 우주 날씨를 감시해. 이러한 연구는 앞으로 우주 호텔을 짓고 화성과 같은 먼 곳을 여행할 때 필요한 정보를 제공할 거야. 루나 게이트웨이에는 미국, 유럽, 일본, 캐나다, 러시아가 참여하고 있지만 우리나라는 아직 참여하지 못하고 있어.

인간이 달에서 살기 위한 조건

달은 인간이 처음으로 정착한 천체가 될 거야. 대기가 있고 중력이 큰 화성을 인간이 거주할 첫 천체로 생각하기 쉽지만, 달이 훨씬 유리하지. 지구에서 가까워 물자를 보내기 쉽고, 통신하기도 쉽거든. 또 태양에서 가까워 태양 에너지도 풍부하고 화성처럼 강한 모래 먼지도 없어. 하지만 달과 화성 모두 자기장이 없어 방사선을 피하려면 지하로 들어가야 해. 화성은 거대한 용암 동굴이 있어 방사선을 피하는 데 더 유리할 수도 있지.

인간이 달에서 생활하려면 지구와 같은 환경을 만들어야 해. 이를 '테라포밍'이라고 해. 지구를 뜻하는 단어인 '테라(terra)'에 만든다는 의미의 '포밍(forming)'이 합쳐진 용어야.

달을 테라포밍하려면 여러 가지가 필요해. 첫 번째는 강력한 우주 방사선으로부터 인간을 보호해 줄 거주 시설이야. 두 번째는 인간이 살기 위해 필요한 공기, 물, 식품이지. 세 번째는 지구와 오갈 수 있는 안전한 운송 수단과 달에서 돌아다니기 위한 차량이야. 네 번째는 지구와 자유로운 통신이지. 마지막으로 이 모든 것을 운영할 에너지가 필요해. 여기까지는 필수로 갖춰야 할 것이고, 이밖에도 건강한 생활을 위한 의료 장비, 문화 시설, 운동 시설 같은 것도 필요하겠지.

그런데 달에서 식물을 길러 식량을 자급자족하는 것이 가능할까? 2022년 미국 플로리다대학교 연구팀이 흥미로운 연구 결과를 발표했어. 아폴로 우주선이 달에서 가져온 흙에 애기장대 씨앗을 심었더니 싹을 틔웠다는 거야. 지구의 흙이 아닌 다른 천체의 흙에서 식물을 키운 것은 처음이지. 애기장대는 배추와 같은 십자화과 식물로 유전자가 완전히 해독돼 과학 실험에 자주 쓰여. 하지만 실험에서 달 토양에 심은 애기장대의 성장 속도는 지구 화산재 토양에 심은 것보다 느렸어. 여하튼 달 토양에서 식물을 기른 것은 유인 기지를 건설하려고 할 때 식량을 자급자족할 수 있을지도 모른다는 기대감을 부풀렸어. 달 토양으로 재배한 식물이 인체에 안전한지는 더 연구해 봐야 하지만.

달 기지 건설은 단계적으로 이뤄져야 해. 인간이 거주할 공간을 만드는 거니까. 달을 지구의 일곱 번째 대륙이라고 말했던 독일 출신의 미국 로켓 과학자 크라프트 에리케는 지구 밖 새로운 대륙을 개척하는 과정을 다음과 같이 5단계로 나누었어.

1단계 달 궤도에 무인 궤도선을 두고 무인 착륙선을 이용해 달의 자원을 조사한다.

2단계 달의 저궤도에 인간이 거주할 수 있는 우주 정거장을 건설한다.

3단계 달 표면에 생산 시설과 제조 공장을 설립한다.

4단계 인간이 거주할 수 있는 환경을 조성한다.

5단계 달이 지구로부터 경제적으로 독립한다.

지금의 아르테미스 계획은 1단계를 진행하며 2단계를 준비하는 과정이야. 우리가 달 여행을 할 때는 어느 단계일까?

달에서 채굴한 자원의 소유권

달에는 핵융합 원료인 헬륨 3과 반도체나 배터리 원료가 되는 희토류 금속이 많다고 알려져 있어. 헬륨 3은 태양풍에서 날아온 것으로, 1만 년 동안 사용할 수 있을 만큼 풍부하다고 해. 2009년 개봉한 영화 〈더 문〉은 3년의 수명을 가진 복제 인간 클론이 헬륨 3을 채굴해 지구로 보내는 재미있는 영국 과학 영화야. 달 기지를 건설하고 자원을 채굴하는 회사가 신기하게 한국 기업이지. 영화에서 보듯, 달에서 채굴한 헬륨을 소유하고 팔 수 있을까?

1967년 발효된 유엔의 '우주 조약'은 달과 다른 천체에 대한 국가의 권리를 인정하지 않아. 우주를 평화적으로 이용하자는 뜻이지. 만약 국가가 아닌 민간 기업이 발견했을 때는 어떻게 될까? '우주 조약'에는 우주 자원의 영리적 사용을 금지하는 명확한 규정이 없어. 또한 1979년 체결된 '달 조약'은 달이 누구의 소유도 아닌 점을 명확히 했지만, 미국과 러시아, 중국, 일본, 인도 등 우주 강국이 참여하지 않아 유명무실한 조약이 되고 말았어. 우리나라도 이 조약에 가입하지 않았어.

우주 자원 개발에 가장 적극적인 나라는 미국이야. 2015년 기업이 우주에서 채굴한 자원을 소유할 수 있도록 '상업우주발사경쟁력법'을 개정했어. 민간 기업이 우주 자원을 점유하고 소유하고 이용하고 처분할 수 있는 재산적 권리를 인정한 거야. 이 법의 내용이 우주 조약을 위반한다는 주장도 있지만 미국은 자국 기업의 이익을 위해 욕을 먹기로 작정한 모양이야. 다른 나라도 여기에 동

달에서 헬륨 3을 채굴하기 위해 개발한 굴삭기 ⓒNASA

참하려는 분위기지. 만약 기업들이 달에서 물과 헬륨 3을 발견한다면 그것을 소유할 가능성이 높아. 2020년 도널드 트럼프 미국 대통령은 기업들이 적극적으로 우주 개발을 할 수 있도록 길을 열어 주었어. 자국 기업이 달을 비롯한 우주 천체에서 자원을 자유롭게 채굴할 수 있도록 돕는 내용의 행정 명령에 서명을 한 거야.

미국 말고도 우주 개발에 적극적인 아랍에미리트, 룩셈부르크 같은 나라에도 비슷한 규정이 있어. 달에서 얻은 자원의 주인은 누구일까? 깊이 생각해 볼 문제지.

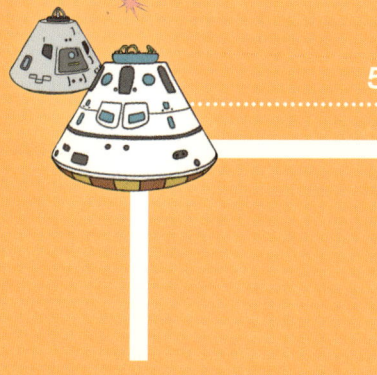

5장

화성 개척

오랫동안 꿈꿔 온
거주 행성

화성은 밤하늘에서 빨갛게 빛나는 행성이야. 기원전 2334년 메소포타미아 북쪽에 인류 최초의 제국인 아카드 제국을 건설했던 사람들은 화성에 대한 기록을 처음 남기고, 지하 세계의 신으로 받들었지. 그 뒤를 이어 문명을 발전시켰던 그리스와 로마 사람들은 화성을 전쟁의 신으로 모셨어. 옛날 사람들은 별 사이를 옮겨 다니는 화성의 위치로 미래와 운명을 예측하고자 했을 거야. 점성술이 널리 퍼졌던 시절이지.

　망원경으로 화성을 처음 본 갈릴레오 갈릴레이는 화성의 표면이 붉고 모양이 변하고 지구처럼 기울어져 있다는 사실을 알아냈어. 훗날 과학자들은 화성이 붉은 이유는 표면에 산화철이 많기 때문이며, 모양이 변하는 것은 북극을 덮고 있는 얼음의 크기가 변하기 때문이며, 지축이 기울어져 있어 계절이 있다는 것을 확인했어.

과학 혁명과 산업 혁명으로 과학 기술이 발전한 19세기에는 화성에 대한 관심이 크게 높아졌어. 영국의 과학 소설가 허버트 조지 웰스의 영향일 거야. 그는 《타임머신》,《투명인간》,《우주 전쟁》과 같은 소설을 써 놀라운 상상력을 보여 주었어.

1938년 미국 라디오 방송이 웰스가 40년 전에 썼던 《우주 전쟁》을 각색해 라디오 드라마를 제작했는데, 방송을 듣고 시민들이 크게 놀라 피난을 가거나 마트에서 물건을 사재기를 할 정도였어. 진짜로 화성인이 침공했다고 착각하게 만들었던 거지.

웰스의 《우주 전쟁》은 2005년 스티븐 스필버그가 만들고 톰 크루즈가 주연한 영화 〈우주 전쟁〉으로 다시 태어났어. 두족류*처럼 생긴 화성인이 해파리처럼 생긴 트라이포드라는 우주선을 타고 와 지구를 파괴하는 영화야. 만약 우주 과학자들이 만든 화성 탐사선이 화성에 가서 확인하지 않았더라면, 우리는 아직도 소설과 영화 속에서 등장하는 화성인이 화성에 살고 있다고 믿었을지도 몰라.

최근 우주 개발에서 가장 뜨거운 주제는 화성 유인 탐사야. 무인 궤도선, 무인 착륙선, 로버를 보내는 데 그치지 않고 인간을 보내려는 거야. 그 이유는 무엇일까? 영화 〈마션〉에서 보듯, 인간이 화성을 개척할 수 있을까?

---

* **두족류** 문어, 오징어, 낙지처럼 머리(사실은 몸통임)에 다리가 붙은 연체동물

인간이 화성에 가려는 이유

화성은 태양계의 4번째 행성이야. 지구보다 태양에서 더 멀리 떨어져 있어 평균 기온이 영하 62℃지. 그런데 왜 화성에 관심을 가지는 것일까? 그 이유는 태양계에서 인간이 갈 수 있는 유일한 행성이기 때문이야.

화성의 평균 기온은 지구보다 낮지만, 수성과 금성에 비하면 견딜 만해. 수성의 평균 기온은 179℃인데, 낮에는 427℃, 밤에는 영하 183℃나 될 정도야. 또 중력이 작아 달처럼 대기가 거의 없어.

금성은 수성보다 태양으로부터 멀어 기온이 낮을 것 같지만 오히려 더 높아. 평균 기온이 460℃인데 대기 중 이산화탄소가 많아 온실효과가 크기 때문이지. 게다가 두꺼운 이산화탄소 대기층에서는 천둥과 번개가 치고 있어서, 철저한 준비 없이 금성에 갔다가는 끔찍한 결과를 보게 될 거야.

결국 태양계 행성 중에서는 화성이 인간이 도전하기에 가장 적합한 행성이야. 지구에서 가장 쉽게 접근할 수 있고, 생명의 기원과 진화에 대한 질문을 해결할 가능성이 있는 행성이거든.

인류가 화성에 가려는 이유가 지구 멸망을 대비하기 위해서라고 생각하는 사람도 있을 거야. 기후 변화, 핵 전쟁, 소행성 충돌로 지구에 위기에 닥쳤을 때 피난처로 말이지. 하지만 화성을 새롭게 개척하는 것보다는 지구를 다시 살리는 것이 훨씬 쉽다는 걸 알아야 돼.

화성 탐사의 역사

화성 탐사는 과학자의 호기심을 넘어 국가 간의 우주 전쟁을 방불케 했어. 소련과 미국이 화성을 선점하기 위해 노력했던 것은 자국 과학 기술의 힘을 자랑하고 더 키우고 싶었기 때문이겠지. 지금까지 화성 탐사는 50여 차례 있었고, 절반만 성공했어. 착륙도 절반만 성공했고. 이런 통계를 보면 화성 탐사가 얼마나 어려운지 알 수 있어.

처음 화성 탐사에 나섰던 나라는 스푸트니크 1호를 발사하면서 한껏 기세를 올렸던 소련이야. 그러나 소련은 화성과 좋은 인연을 맺지 못했어. 1960년부터 화성 탐사 로켓 발사에 계속 실패하다가, 1971년 발사한 마르스(Mars) 2호 궤도선이 처음으로 화성에 도달하는 데 성공했지. 그러나 마르스 2호 착륙선은 착륙 도중 먼지 폭풍 때문에 추락하고 말았어. 불과 10일 뒤 발사된 마르스 3호는 궤도선과 착륙선이 모두 화성에 도달하는 데 성공했어. 그런데 화성 땅을 최초로 밟자마자 14.5초 후 지구와 통신이 끊기고 말았지. 결국 임무를 수행할 수 없었어. 화성 표면에 대한 정보 없이 궤도선과 착륙선을 동시에 보냈던 것은 어리석은 일이었어.

미국은 화성 탐사에서 놀라운 성적을 거두었어. 미국이 1964년 발사한 매리너(Mariner) 4호는 최초로 화성 탐사에 성공한 우주선이야. 1965년 7월 화성 곁을 지나면서 21장의 사진을 찍어 지구로 보냈지.

1971년 발사된 매리너 9호는 미국 최초의 화성 궤도선이야. 화성 궤도를 돌면서 화성에서 거대한 먼지 폭풍이 일어난다는 사실을 생생한 사진으로 알려 주었어. 깨끗한 화성 표면 사진을 찍기 위해서 먼지 폭풍이 잠잠해질 때까지 오랫동안 기다렸다가 7,000장이 넘는 사진을 찍어 지구로 보내왔어. 이 사진들은 화성 연구의 출발점이 되었지. 이 사진을 통해 길이가 4,000km, 폭 200km, 깊이

최초의 화성 착륙선 바이킹 ©NASA

가 7km에 이르는 협곡을 발견했고 탐사선의 이름을 따서 '매리너 계곡'으로 이름 붙였어. 지구에 없는 이 엄청난 계곡이 어떻게 지구보다 작은 화성에 생겼는지는 과학자들이 풀어야 할 숙제가 됐지.

미국은 1976년 화성 착륙선 바이킹(Viking) 1호와 2호를 화성에 보냈어. 화성에 착륙한 최초의 무인 우주선이야. 매리너 9호가 보내온 사진을 깊이 연구했던 결과지. 바이킹 1호와 2호는 궤도선이었던 매리너 9호보다 화성 대지의 모습을 더욱 생생하게 보여 주었어. 또한 처음으로 화성에 생명체가 살았는지 조사했어. 비록 아무런 증거도 찾아내지 못했지만, 의미 있는 도전이었지.

1996년 바이킹이 보내온 사진들에 대한 기억이 가물가물해질 무렵, 남극에서 발견된 화성 운석에서 박테리아 화석이 발견됐다는 주장이 제기됐어. 화성에서 생명체가 살고 있을 것이라는 기대감을 높이며 세

상을 떠들썩하게 한 사건이었지.

그해 미국은 화성 궤도선 마스 글로벌 서베이어(Mars Global Surveyor), 착륙선 마스 패스파인더(Mars Pathfinder), 탐사 로버 소저너(Sojourner)를 한 팀으로 묶어 화성에 보냈어. 10.6kg밖에 안 되는 작은 소저너는 화성 표면에서 움직이는 최초의 로버가 됐어. 패스파인더는 화성 표면에 오래전 많은 양의 물이 흘렀다는 사실을 알아냈지.

소저너의 성공 이후 그 후예들이 잇따라 화성을 향해 날아갔어. 2003년 185kg의 쌍둥이 로버 스피릿(Spirit)과 오퍼튜니티(Opportunity), 2011년 899kg의 큐리오시티(Curiosity), 2020년 1,025kg의 퍼서비어런스(Perseverance)가 화성 땅을 놀아다니기 시작했어.

큐리오시티는 작은 자동차만 해. 10가지가 넘는 과학 장비를 갖춘 강력한 탐사 로버였어. 스피릿이나 오퍼튜니티와 달리, 지표면에 구멍을 뚫어 그 안의 흙을 끄집어내 물과 생명체의 흔적을 찾아내는 화학 실험 장치도 들어 있어. 이 장비로 토양에서 메탄을 처음 찾아냈는데, 메탄은 생명체가 살았던 증거가 될 수 있지. 큐리오시티는 먼 옛날 지하수 유출로 만들어졌을 것으로 추측되는 물의 흔적도 발견했어.

큐리오시티는 태양 전지로 움직였던 기존의 로버들과 달라. 강력한 방사성 동위 원소 열전 발전기를 탑재한 덕에 오랫동안 활동했어. 영화 〈마션〉의 주인공도 추운 화성에서 견디기 위해 방사성 동위 원소 열전 발전기를 이용해 난방을 하지. 플루토늄이 핵분열할 때 나오는 열을 이용해 발전하던 장치로부터 열을 얻은 거야.

2021년 화성 땅을 밟은 퍼서비어런스 로버는 두 가지 중요한 임무를 가지고 있었어. 화성에서 생명체의 흔적을 찾는 일과 인류가 화성에 이주할 가능성을 찾는 일이지. 이를 위해 화성에서 암석과 토양의 샘플을 채취해 다음에 오는 우주선을 통해 지구에 보낼 계획이야. 또 날씨, 바람, 방사선, 먼지 등을 연구해 언젠가 인간이 화성에 갈 것에도 대비하는 거지.

퍼서비어런스가 화성에서 찍은 셀카
ⓒNASA/JPL-Caltech/MSSS

퍼서비어런스 로버 안에는 화성 대기 중에 있는 이산화탄소에서 산소를 분리해 내는 장치가 들어 있어. 시간당 약 12g의 산소를 생산할 수 있는데, 큰 나무 한 그루가 생산하는 양과 비슷해. 여기서 생산된 산소는 미래의 화성인이 호흡하고, 지구로 다시 돌아올 때 로켓 연료로 사용될 수 있어.

퍼서비어런스는 인제뉴어티(Ingenuity)라는 1.8kg의 소형 헬리콥터와 함께 화성에 착륙했어. 대기 밀도가 지구의 100분의 1밖에 되지 않은 화성에서 헬리콥터가 뜨는 것은 쉽지 않아. 날개가 초당 40번은 돌아야 해. 지구에서는 초당 8번이면 됐던 일이야. 인제뉴어티는 다른 행성에서 날아오른 최초의 비행체가 됐어. 화성 표면에서 300m 높이까

화성을 돌고 있는 궤도선

지 날아오르며, 퍼서비어런스가 이동하는 데 안내자 역할을 하는 거지.

지금까지 화성 탐사는 미국과 소련이 이끄는 쌍두마차 무대였어. 그런데 다른 국가들도 도전에 나섰어. 일본은 1998년 노조미(のぞみ)라는 화성 궤도선을 발사했지만 실패했어. 영국은 2003년 유럽우주기구와 함께 마스 익스프레스(Mars Express) 궤도선과 착륙선을 보냈으나, 궤도선만 성공했어. 착륙선은 태양 전지판이 펼쳐지지 않아 통신할 수 없었지. 인도는 2013년에 화성 궤도선을 보내는 데 성공했어. 중동 국가 아랍에미리트도 2020년 '아말(Al-Amal, 아랍어로 '희망'이라는 뜻)'이라는 궤도선을 갖게 되었지.

중국은 여섯 번째 화성 탐사 국가야. 2020년 톈원(天問, 천문) 1호를 화성에 보내는 데 성공했어. 톈원 1호는 2대의 궤도선, 2대의 착륙선을 갖추고 주룽(祝融, 축융)이라는 로버도 참여했지. 중국은 우주선을 화성에 보내 암석 시료를 가져오려는 계획을 가지고 있어. 이 계획을 수행할 톈원 3호는 2027년 발사해 2033년 지구로 귀환할 예정이야.

미국도 퍼서비어런스가 열심히 채취하고 있는 토양과 암석 표본을 지구로 가져오기 위해 2대의 우주선을 2026년 발사할 계획이야. 착륙선은 예제르 크레이터 지역에 내려 퍼서비어런스가 채취한 시료를 수거해 궤도선으로 발사하는 역할을 맡고 있어. 다른 1대는 화성 궤도에서 이를 받아 지구로 가져오도록 설계돼 있지. 화성 표본 귀환 계획에는 유럽우주기구도 참여해 지구 귀환 궤도선을 만들고 있어. 2027년에 발사해 2033년 지구로 돌아올 예정이야.

지금까지 달, 소행성, 혜성에서 표본을 가져온 적은 있지만 행성에

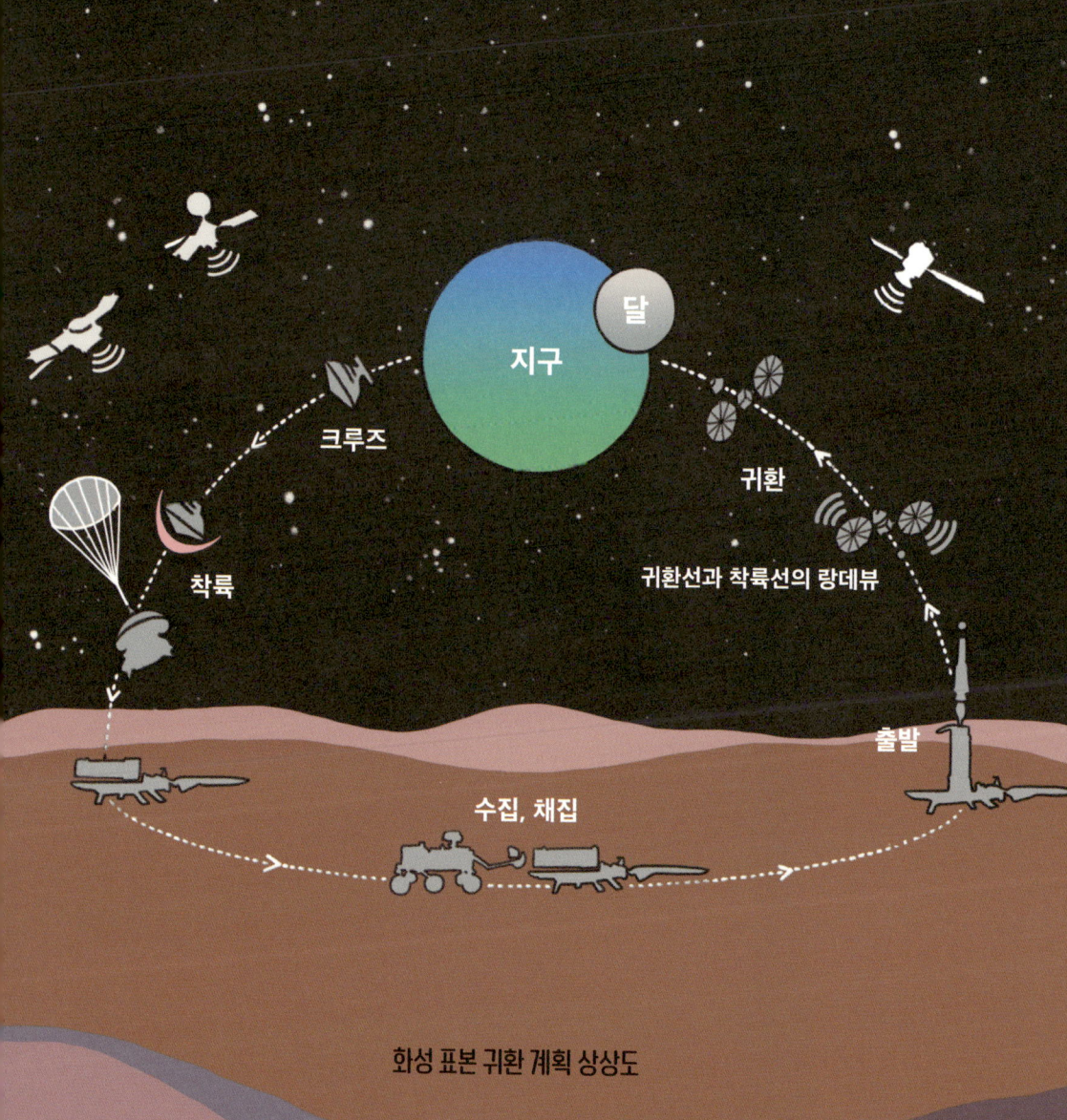

화성 표본 귀환 계획 상상도

서 표본을 가져온 적은 한 번도 없었어. 중국과 미국 중 어느 나라가 먼저 화성의 암석 시료를 가져올지 흥미로운 일이지. 그 속에 어떤 비밀이 있을지도 궁금하고. 그런데 과학 영화에서처럼 화성에서 돌아오는 우주선에 위험한 바이러스가 묻어오면 어떻게 될까? 그래서 화성에서 돌아올 때는 살균과 밀봉 기술을 이용해 이를 차단해야 해.

유인 화성 탐사 계획

화성에 대한 과학적인 연구는 화성이 어떻게 형성됐고 신화했는지를 알아내려는 활동이야. 화성에서 바람은 어떻게 불까? 지진 활동은 있을까? 생명체가 살았는지도 궁금하지. 그동안의 연구가 화성의 지질, 대기, 생명체에 대한 연구였다면 최근에는 인간이 살 수 있을까에 관심이 쏠리고 있어.

화성 유인 탐사를 가장 먼저 생각한 사람은 새턴 5호 로켓을 개발한 베른헤르 폰 브라운일 거야. 1952년에 쓴 《화성 프로젝트》라는 책에는 70명의 사람을 10대의 우주선 함대에 태워 화성에 보내는 내용을 담고 있지. 또 화성에 갈 우주선을 우주 정거장에서 조립하고, 효과적인 비행 경로를 찾아내 비용을 절약하는 방법을 제시했어.

화성 유인 탐사는 10여 년 전부터 다시 뜨거운 관심을 받고 있어. 화성에 유인 우주선을 보내겠다는 사람들이 나타났기 때문이야. 버락 오바마 미국 대통령도 그중 한 사람이었어.

2010년 플로리다주에 있는 케네디우주센터를 방문한 오바마 대통령은 2030년대 중반까지 화성에 인간을 보내고 다시 지구로 안전하게 돌아올 수 있게 하겠다고 말했지. 지금까지 무인 화성 탐사 계획은 많았지만, 유인 탐사 계획은 처음 발표한 거야.

이에 따라 조지 W. 부시 대통령 때 달 탐사용으로 계획됐다가 취소된 오리온이 다목적 우주선으로 계속 개발될 수 있었어. 또한 달 탐사를 위해 개발되던 발사체 아레스는 새로운 대형 우주 발사체 SLS로 개발 계획이 변경됐지. 현재 NASA는 오리온과 SLS를 달 탐사 계획인 아르테미스에 활용하고 있는데, 나중에는 화성 유인 탐사에 이용되겠지. NASA는 화성 탐사 로버 큐리오시티를 통해 오바마 대통령의 서명이 새겨진 알루미늄 판을 화성에 가져다 놓음으로써 고마움을 표시했어.

스페이스엑스의 일론 머스크도 굉장히 의욕적으로 화성 탐사 사업을 펼치고 있어. 그는 화성에 자급자족할 수 있는 도시를 건설하고, 2026년까지 화성에 가겠다고 밝혔지. 스페이스엑스는 인간을 달과 화성에 보내기 위해 스타십이라는 유인 우주선을 개발하고 있어.

화성 여행은 쉽지 않아. 다양한 건강 문제를 일으킬 수 있지. 장기간의 우주 여행으로 인한 심리적인 문제, 우주 방사선으로 인해 생기는 암 발병과 DNA 파괴 가능성, 시력 감퇴, 뼈와 근육의 손실 등을 예로 들 수 있어.

그래서 2007년부터 2011년까지 유럽우주기구, 러시아, 중국이 화성 여행을 위한 특별한 시험을 실시했어. 우주 공간과 화성에서 살아갈 때 인체에 어떤 변화가 일어날지를 미리 알아보기 위해서였지. 520일 동안 우주선과 화성 표면에서 살아갈 수 있는지를 시험한 거야. 520일은 화성행(250일)-화성 체류(30일)-지구 귀환(240일)에 소요되는 시간이야.

시험 시설은 모스크바에 있는 생물의학문제연구소 안에 마련한 화성 탐사 우주선과 화성 표면을 모사한 밀폐 시설이었어. 시험은 외부와 완전히 차단돼 치러졌지. 외부와의 교신도 실제 화성 교신처럼 13분의 지연 시간을 두고 이루어졌어. 시험 인원은 6명이었는데, 러시아에서 3명, 프랑스, 이탈리아, 중국에서 각각 1명씩 선발됐어. 모의시험에는 볶음김치, 분말 고추장, 불고기, 잡채, 비빔밥, 호박죽, 식혜, 녹차, 홍삼차와 같은 한국 우주 식품도 활용되었지.

〈마스: 화성으로 가는 길〉은 인간이 화성으로 가기 전 미리 예상되는 어려움을 지구에서 시험해 보는 과정을 담은 다큐멘터리 영화야. NASA는 화성을 닮은 시험 현장으로 북극해에 있는 데번섬을 찾았어. 지구에서 가장 큰 무인도인데 바위가 많은 극지 사막이어서 인간이 살 수 없는 땅이지. NASA는 1997년부터 척박한 지형, 영하의 기온, 고립된 환경, 제한된 통신 기능을 가진 그곳에서 인간이 살 수 있을지 시험함으로써 화성에 가는 것을 준비하고 있어.

화성으로 가는 우주선

영화 〈마션〉을 본 적이 있을 거야. '마션(Martian)'은 화성인을 말해. 영화 〈마션〉은 영화 감상으로 끝나지 않고, 과학적으로 생각해 볼 것이 참 많아. 컴퓨터 공학을 전공한 앤디 위어의 소설 《마션》

을 바탕으로 하여, NASA 제트추진연구소에서 과학 자문을 맡아 만들었기 때문이야. 화성에 인간을 보내고(우주선), 화성에서 인간이 살아가고(우주 기지), 화성에서 인간이 돌아오는 것(귀환 우주선)을 포함한 모든 이야기를 담고 있어.

화성에 가려면 먼저 우주선을 개발해야 해. 화성 우주선은 어떤 조건을 갖춰야 할까? 영화 〈마션〉에서는 헤르메스라는 유인 우주선을 이용해. 아르곤을 연료로 하는 이온 엔진을 단 거대한 우주선이야. 화성 궤도까지는 헤르메스를 이용하고, 화성 궤도에서 화성 표면으로 내려갈 때는 화성 하강선을 이용해. 화성 궤도로 돌아올 때는 화성 상승선을 이용해. 화성에서 필요한 물품과 시설은 우주 화물선을 이용해 미리 보내지. 이미 눈치를 챘을 거야. 인간이 화성에 오가기 위해서는 여러 종류의 우주선이 필요하다는 사실 말이야.

영화 〈마션〉에 등장하는 헤르메스 우주선은 거대한 회전 시설을 달고 있어. 원심력을 이용해 인공 중력을 만들기 위해서지. 인간의 몸은 무중력 상태에 있게 되면 피를 발끝까지 보내기 위해 심장이 힘을 쓸 필요가 없기 때문에 심장이 약해지거든. 그 결과 피는 머리와 심장 쪽으로 몰려. 바닥을 딛고 서 있을 필요가 없기 때문에 근육도 줄어들고 뼈의 밀도도 약해져. 이런 무중력 상태의 부작용을 막기 위해 인공 중력을 만들면 편리할 거야. 과학 영화에 등장하는 우주선마다 원심력을 이용한 인공 중력 시설을 갖추고 있는 이유지.

화성 유인 우주선은 인간의 세포를 파괴할 수 있는 우주 방사선을 막기 위한 차폐 시설도 갖추고 있어야 해. 우주 방사선은 태양이나 별에서 날아오는 고에너지의 입자나 전자기파를 말해. 인간의 세포와 유전자를 파괴하고 변형해 생명을 위험하게 만들 수 있어.

또 유인 우주선은 산소를 만들고 기압을 유지하고 공기를 순환시키는 시스템을 갖추고 있어야 해. 만약 기압이 낮다면 혈관 속 피에 녹아 있는 산소는 모두 빠져나갈 거야. 그리고 공기를 순환시키지 않으면 호흡으로 내뱉은 이산화탄소가 콧구멍 앞에 쌓여 호흡을 곤란하게 만들겠지. 우주선 안에 먹을 것도 충분히 있어야 해. 마실 물은 오줌을 재활용해야 해. 발사 비용을 줄여야 하거든. 이런 조건을 모두 갖춘 화성 유인 우주선이라면 국제우주정거장보다 커져야 할 거야.

우주선을 언제 발사할지도 중요해. 약 2년 2개월마다 지구에서 화성으로 가는 가장 빠른 길이 열려. 지구 공전 주기와 화성 공전 주기가 다르기 때문이지. 2020년 7월에 미국의 퍼서비어런스, 중국의 텐원, 아랍에미리트의 아말 탐사선이 한꺼번에 화성으로 발사된 것도 이 빠른 길을 이용했기 때문이야. 향후 10년간 이상적인 화성 탐사 우주선 발사 시기는 2024년 말, 2026년 말, 2028년 말로 예상하고 있어.

화성 착륙의 과학 기술

화성 착륙은 완충 작용을 해 줄 대기가 희박하기 때문에 매우 어려운 도전이야. 화성 궤도에서 무작정 뛰어내렸다가는 땅에 곤두박질칠 수밖에 없어. 두꺼운 대기가 있어 활강할 수 있는 지구와는 다른 점이지. 대기가 없는 달에서는 역추진 로켓을 이용해 착륙할 수 있지만 화성은 활강하기에는 대기층이 얇고, 역추진 로켓을 사용하기에는 난기류가 발생하는 문제점이 있어. 결국 화성 대기권에 진입해 땅에 착륙하는 7분 정도가 매우 위험한 시간이야. 그래서 '공포의 7분'이라고 부르지. 화성 대기권에 들어가면서 발생하는 압축열을 견뎌 내면서 초속 5.9km의 속도를 초속 1m로 줄여야 하는 위험한 과정이야. 많은 화성 착륙선이 실패한 이유는 이 시간을 견디지 못했기 때문이야. 지구까지의 통신은 최소 4~24분이 걸리기 때문에 통신으로 제어할 수도 없어. 결국 자동화된 시스템으로 착륙해야만 하지.

화성 대기에 진입할 때의 속도는 시속 1만 9000km야. 무게가 가벼웠던 오퍼튜니티와 스피릿은 낙하산을 펴고 내려갔다가 어느 정도 내려가서 역추진 로켓으로 속도를 줄이고 그다음 에어백을 펼쳐 화성 표면과의 충돌을 피했어. 이보다 무거운 큐리오시티는 에어백을 사용하지 못하고 로켓 엔진이 달린 스카이크레인을 이용해야 했어. 스카이크레인은 조심스럽게 큐리오시티를 화성 표면에 내려놓은 다음 연결된 끈을 끊고 충돌을 피해 멀리 떨어진 다른 곳으로 날아가 추

스카이크레인을 이용해 화성에 착륙하는 퍼서비어런스
ⓒNASA

락했지. 퍼서비어런스도 같은 방법으로 착륙했어.

화성에서 살아가기

화성 착륙에 무사히 성공하더라도 화성에서 어떻게 살아갈지를 고민해야 해. 다행스러운 것은 중력이 있고 돌아다닐 수도 있다는 점이야. 밖으로 돌아다닐 수 없는 무중력 우주 정거장보다는 상황이 좋은 셈이지.

화성에서 살아가는 데 있어 가장 먼저 할 일은 산소를 만들어 내는 거야. 화성 대기는 이산화탄소가 약 96%를 차지하고, 산소는 0.1%밖에 되지 않아. 또한 화성 표면의 대기압은 지구의 약 0.6%에 불과해. 결국 사람이 숨을 쉬는 데 필요한 산소를 만들어야 하고, 적절한 대기압을 유지해야 해. 다행스럽게도 이산화탄소를 분해해 산소를 만들 수 있어.

두 번째로 해야 할 일은 물을 만드는 거야. 과학자들은 옛날에 화성에 강과 큰 호수가 있었고 북쪽에는 바다가 있었다고 보고 있어. 물이 흘러 만들었던 퇴적물이 그 증거지. 그러나 지금은 액체 형태의 물을 쉽게 볼 수 없어. 대기 중에는 미량의 수증기만이 존재해. 비가 내릴 수 없다는 뜻이지.

화성의 물은 어디로 갔을까? 이에 대해 과학자들은 아직 확실한 결론을 내지 못했어. 어떤 과학자는 화성 중력이 작기 때문에 태양에 가까워지면 기온이 올라가 수증기가 되고, 수증기는 화성 중력을 벗어나 우주로 날아갔다고 설명하고 있어. 또 다른 학자는 물이 화성 지각에 있는 암석 속으로 들어갔을 것이라고 생각해. 두 가지 모두 가능한 이론이야. 화성 개척이 희망적인 이유는 바위 속이나 지하에 물이나 얼음이 있을 가능성이 높다는 거야. 이를 끄집어낸다면 물 걱정은 하지 않아도 돼. 또한 화성의 북극과 남극에는 만년설의 형태로 물이 존재해. 그 아래에는 액체 상태의 물이 있을지도 몰라.

화성은 지구에서 멀어 물자를 공급받기가 쉽지 않아. 신속 배달을 하더라도 최소 9개월이 걸리므로, 모든 것을 자급자족해야 해. 과연 가능할까?

영화 〈마션〉에서 식물학자인 주인공은 지구에서 가져간 감자와 우주 비행사의 변을 이용해 농사를 지어. 화성의 토양에는 박테리아가 없기 때문에 사람의 변은 영양을 공급하고 박테리아의 도움을 받기 위한 중요한 재료가 될 거야.

그러나 화성에서 오랫동안 살아가려면 화성의 환경을 지구 환경처럼 바꿔야 해. 이를 '화성 테라포밍'이라고 하지. 어떻게 하면 화성을 지구처럼 만들 수 있을까?

화성은 한때 따뜻하고 습했음에도 불구하고 지금은 춥고 건조하며 메마른 곳이야. 과학 소설 작가들은 화성 토양에 갇힌 이산화탄소 가스를 방출해 대기층을 두껍게 만들면 온실 효과로 기온이 올라갈 것이라고 예상해. 기온이 올라가면 남극과 북극의 얼음이 녹고, 지각 표면의 암석 속에 갇혀 있거나 얼어 있는 물이 다시 흘러 생명의 땅을 만들 수 있다고 보는 거지. 하지만 결코 쉽지 않아. 화성에는 온실 효과를 일으킬 만큼 충분한 이산화탄소가 없거든.

영화 〈마션〉에서 주인공은 엄청난 모래 폭풍을 만나기도 하는데, 이같은 일이 실제로는 일어나지 않아. 화성은 기압이 매우 낮기 때문이지. 시속 175km의 모래 폭풍이 불어도 산들바람처럼 느껴질 거야.

화성은 자외선과 강렬한 방사선이 표면에 내리쬐고 있어. 화성에는 지구와 달리 남극과 북극으로 이어지는 자기장이 없어. 나침반을 가지고 가 봤자 쓸모가 없다는 말이지. 자기장이 없어 우주에서 날아오는 방사선을 막지 못해. 이것은 어떻게 해결해야 할까?

화성에 가서 인간이 살려면 지상보다 지하가 좋을 거야. 그렇다고 하더라도 우주 방사선이 위치에 따라 얼마나 내리쬐는지는 자세히 알아야 해. 이를 알아야 방사선을 효과적으로 막을 우주복과 건물을 만들 수 있으니까.

우리 인류는 언제쯤 화성에 갈 수 있을까? 인공지능 챗지피티(Chat-GPT)는 이렇게 답변해.

"현재로서는 불확실해. 미국 NASA는 2030년대에 우주 비행사를 화성에 보낼 계획을 가지고 있지만, 예산과 기술적인 진보에 따라 바뀔 수 있어."

세계의 우주 개발 기구

우주 개발은 국가의 중요한 전략 중 하나야. 앞으로 우주를 지배하는 나라가 결국 강국이 될 수밖에 없기 때문이지. 그래서 국가마다 우주 개발 기구를 만들어 두고 있어.

미국 우주 개발의 중심은 항공우주국 NASA야. 본부는 수도인 워싱턴 D.C.에 있지만 곳곳에 연구소들이 있어. 중요한 곳들을 알아볼까?

플로리다주 케이프커내버럴에 있는 케네디우주센터는 우주 로켓 발사로 유명한 곳이지. 대부분의 우주 로켓을 이곳에서 발사해. 텍사스주 휴스턴에 있는 존슨우주센터는 유인 우주 개발을 총지휘하는 곳이야. 우주인을 훈련시키고 우주에 있는 우주인들과 교신하며 임무와 안전을 챙겨. 아폴로 계획을 추진했고, 국제우주정거장 운영을 맡은 곳이지. 아르테미스 계획 중 오리온에 탑승할 우주 비행사를 훈련시키고 있어.

캘리포니아주 로스앤젤레스 근처의 제트추진연구소는 NASA가 설립되기 이전인 1936년에 캘텍이 설립했어. 우주 과학 탐사를 주로 하는 곳으로 최초의 과학 위성 익스플로러 1호를 쏘아 올린 이후 매리너, 바이킹, 보이저, 마스 패스파인더, 큐리오시티, 퍼서비어런스 등을 설계하고 운영하는 등 업적을 쌓아 왔어. NASA와 계약을 체결해 연구 개발을 하고 있지.

NASA 조직은 아니지만, 캘리포니아주에는 우주 로켓을 발사하는 반덴버그 우주군 기지가 있어. 스페이스엑스가 팰컨 9호를 자주 발사하는 곳이지.

러시아는 소련 시절 최초의 인공위성을 쏘아 올리고, 최초로 인간을 우주로 보냈던 우주 강국이야. 지금은 위세가 꺾여 중국에도 밀리고 있지만, 여전히 우주 개발에 있어 놀라운 과학 기술을 보유 중이야. 우리나라는 과학 기술  위성 1호 발사, 한국 최초의 유인 우주 프로그램 실행, 나로호 개발에 러시아의 도움을 받았어.

러시아 우주 개발의 중심에는 연방우주국인 로스코스모스가 있어. 미국의 NASA와 같은 조직이지. 대통령의 지시를 받아 국가 우주 개발의 방향을 수립하고, 유인 우주 프로그램도 수행해.

러시아의 우주선은 1946년 설립된 에네르기아라는 공기업에서 생산하고 운영해. 유인 우주선 소유스와 화물 우주선 프로그레스를 운영하는 곳이지. 에네르기아는 국제우주정거장 운영에 참여했고, 앞으로 달 유인 탐사에도 참여할 거야. 러시아의 우주 로켓은 대부분 카자흐스탄에 있는 바이코누르우주기지에서 발사돼. 우리나라 최초의 우주인 이소연이 탔던 소유스 우주선도 이곳에서 발사됐어. 바이코누르우주기지는 소련 시절에 건설됐지만, 소련이 해체되고 카자흐스탄이 독립하는 바람에 빌려서 쓰고 있지.

유럽우주기구(ESA)는 유럽 22개국이 공동 운영하는 우주 개발 연구 센터야. 프랑스와 독일 등 유럽의 과학 기술 강국들이 독자적으로 우주 개발을 하지 않고 함께 운영하는 것이 특징이지. 아리안 우주 로켓을 개발해 많은 나라의 인공위성을 대신 발사해 주고 있어. 발사 기지는 남아메리카의 프랑스령 기아나에 있는데, 정지 궤도에 위성을 발사할 때 최적의 장소지.

중국은 1993년 설립된 중국국가항천국(CNSA)을 중심으로 우주 개발을 해. 우주선, 우주 발사체, 미사일을 설계하고 제조하는 일은 중국항천과기집단공사라는 공기업이 맡고 있어.

중국 발사장은 여러 곳에 있어. 고비 사막에 있는 주취안 기지는 중국 최초의 인공위성 둥펑훙 1호를 발사한 이후, 많은 과학 위성과 실용 위성을 발사했던 곳이야. 우주인이 탑승한 선저우 우주선도 이곳에서 발사해. 건조한 날씨여서 발사할 수 있는 날이 매우 많다는 게 장점이야. 최근에 만든 원창 발사장은 하이난섬에 있어. 미국 케네디우주센터처럼 바닷가에 있고, 적도에 가까워 정지 궤도 위성 발사에 유리해. 시창발사센터는 쓰촨성에 있어. 서쪽 내륙 산속 깊은 곳에 설치한 이유는 보안을 유지하기 위해서였어. 달 탐사선 창어를 발사한 곳이야.

 일본의 우주 개발은 문부과학성의 지원을 받는 일본우주항공연구개발기구(JAXA)에서 추진해. 달 탐사선 가구야, 국제우주정거장 내 실험 모듈인 키보, 소행성 탐사선 하야부사를 개발했던 곳이야. 일본의 대표적인 우주 로켓은 H2인데, 일본우주항공연구개발기구와 함께 미쓰비시중공업이 개발하고 발사 업무도 맡고 있어. 발사장인 다네가시마우주센터는 일본 남쪽에 있어.

우리나라는 2024년 미국의 NASA와 같은 우주항공청(KASA)이 새로 세워져 모든 우주 개발을 총괄하고 있어. 이전까지는 대전에 있는 한국항공우주연구원(KARI)이 주관해 왔어.  우주 로켓인 나로호와 누리호를 개발한 곳이지. 다목적 실용 위성인 아리랑, 정지 궤도 기상 위성인 천리안, 달 탐사선인 다누리도 개발했어. 발사장은 전라남도 고흥에 있는 나로우주센터야. 2단 하이브리드 로켓 나로호와 3단 액체 연료 로켓 누리호를 쏘았던 곳이지.

6장

인터스텔라

태양계를 넘어,
우리은하를 넘어 더 멀리

아주 멀리 떨어진 외계 행성을 찾아가는 우주 영화가 참 많아. 그런데 볼 때마다 의문을 갖게 돼. 수십 광년 떨어진 곳까지 어떻게 빠르게 갈 수 있을까? 외계 행성에 도착할 때까지 오랫동안 우주선에 머물러야 하는데 어떻게 견뎌 낼 수 있을까? 우리가 찾아가는 외계 행성에는 지구와 같이 생명체가 살고 있을까?

태양계를 탈출한 보이저(Voyager)

현재 아주 멀리 여행하는 우주선이 있어. 2024년 7월 현재 보이저 1호는 지구로부터 244억 km, 보이저 2호는 203억 km 밖으로 날아가고 있어. 두 우주선은 1977년 지구에서 출발했어. 먼저 발사한 2호가 일곱 번째 태양계 행성인 천왕성과 여덟 번째 행성인 해왕성을 탐사하고 태양계 밖으로 날아가는 동안, 1호는 곧바로 태양계 밖으로 시속 6만 km의 속도로 날아갔지. 보이저 1호는 2018년 태양계와 작별했으니 이제는 외계의 우주선이라고 불릴 만해. 보이저 1호가 지구로 보내는 신호는 22시간이 넘어야 도착해. 빛의 속도로 갈 때 22시간 거리에 있다는 뜻이지.

과학자들은 1970년대 후반에 목성·토성·천왕성·해왕성 등 4개의 행성이 한 줄로 늘어서는 걸 발견했어. 보이저 계획은 이때 우주선을 발사하면 각 천체의 중력을 이용해 비행 기간을 단축하면서 차례로 행성들을 탐사할 수 있다는 '그랜드 투어' 개념에서 시작됐어. 이런 행성 정렬은 175년에 한 번 오는 기회였어.

보이저 1호는 1979년 목성의 위성 이오에서 화산을 발견했어. 태양계의 다른 곳에서도 화산이 있다는 최초의 목격이었지. 달처럼 죽어 있다고 생각했던 이오는 지구보다 화산 활동이 10배나 많았어. 보이저 2호는 1986년 천왕성을 가까이서 비행한 최초의 우주선이 됐는데, 2개의 새로운 고리와 10개의 새로운 위성을 발견했어.

NASA는 애초 보이저 1호가 해왕성을 통과한 뒤 그랜드 투어를 공식

창백한 푸른 점 ⓒNASA

적으로 마치고 카메라를 끌 계획이었어. 그때 미국의 천문학자 칼 세이건이 마지막으로 카메라를 태양계 안쪽으로 돌려 지구 사진을 찍자고 제안했어. 1990년 2월 14일 밸런타인데이에 맞춰 카메라를 태양계 안쪽으로 돌려 찍은 사진이 '창백한 푸른 점'으로 불리는 지구 사진이야. 당시 우주선과 지구의 거리는 60억 km였어. 광활한 우주 속에서 지구가 어떤 존재인지를 상징적으로 보여 준 이 사진은 지금까지 가장 먼 데서 바라본 지구의 초상화야.

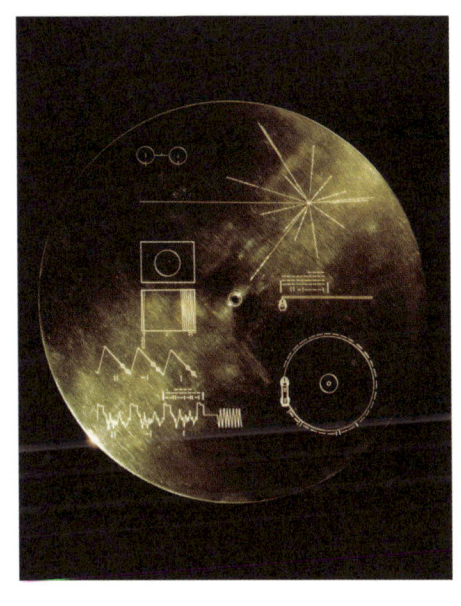

보이저에 실린 지구의 소리 레코드의 덮개에는 태양계와 지구의 위치가 표시돼 있다. ⓒNASA

보이저 1호와 2호에는 지구의 소리가 담긴 레코드기 실려 있었어. 55개국 언어와 함께 한국어 인사도 포함됐어. 바람 소리, 천둥 소리, 동물들의 소리와 같은 자연의 소리도 담겼지. 모두 칼 세이건이 고른 거야. 만약 외계 우주인이 이 레코드를 발견한다면 지구를 이해하는 데 도움이 되겠지?

인터스텔라 여행은 가능할까?

영화 〈인터스텔라〉는 환경 오염과 기후 변화로 멸망해 가는 지구를 탈출하기 위해 인간이 거주할 수 있는 다른 별의 행성을 찾아 나선 우주 비행사 이야기야. 인터스텔라는 별과 별 사이의 우주를 뜻해. 영화 속 주인공은 토성 부근에 있는 웜홀을 통해 멀리 떨어져 있는 블랙홀 근처의 행성을 찾아가지. 앞으로 과학 기술이 발전하면 이런 우주 여행이 가능할까?

태양을 빼고 지구에서 가장 가까운 별은 센타우루스자리의 '프록시마'라는 별인데, 북반구에 있는 우리나라에서는 볼 수 없는 남십자성 근처에 있어. 프록시마까지의 거리는 4.25광년(약 40,000,000,000,000km)으로, 빛의 속도인 우주선을 타고 가더라도 4.25년이 걸려. 그런데 빛의 속도로 날아가는 우주선은 존재할 수 없지. 알베르트 아인슈타인의 특수 상대성 이론에 따르면, 빛의 속도에 가까울수록 우주선의 질량이 무한대로 커지기 때문이야. 무한대의 에너지가 필요하다는 뜻이지. 결국 인터스텔라 우주 여행은 더 많은 시간이 걸릴 수밖에 없어.

현재의 우주선으로는 얼마나 걸릴까? 보이저 1호는 인터스텔라 우주 여행을 떠난 최초의 우주선이야. 시속 6만 km(초속 17km)로 날아가고 있지. 만약 보이저 1호를 타고 프록시마까지 간다면 약 7만 3000년이 걸려. 이런 속도로는 우주선 안에서 아이를 낳고 그 아이가 또 아이를 낳아서 2,400세대를 거쳐야 도착할 수 있는 거야. 물론 7만 3000년 동안 쓸 식량과 연료도 필요하겠지. 최초의 인류 문명인 메소포타미아 문명이 1만 년밖에 되지 않았음을 생각하면 너무 긴 시간이지.

다른 방법은 없을까? 첫 번째 방법은 연료가 적게 드는 이온 엔진 로켓을 이용하는 거야. 제논, 크세논과 같은 불활성 기체를 이온화해서 빛의 속도에 가깝게 분사하는 방식이지. 영화 〈스타워즈〉에서 제국군이 운용하는 알파벳 에이치(H) 모양의 우주 전투기 '타이'가 사용했던 엔진이야.

2023년 NASA와 방위고등연구계획국이 발표한 화성 핵 열추진 로켓 ©DARPA

이온 엔진은 영화만의 아이템은 아니야. 1998년 소행성과 혜성을 탐사하기 위해 발사된 미국의 딥 스페이스(Deep Space) 1호는 이온 엔진을 사용했어. 2003년 일본이 발사한 소행성 탐사선 '하야부사(はやぶさ, '새매'라는 뜻)'도 이온 엔진을 사용했고. 유럽우주기구가 2003년에 발사한 달 궤도 위성인 '스마트 1호(Smart 1)'에도 이온 엔진을 부착했어. 이온 로켓은 화학 연료를 사용하는 것보다 연료가 매우 적게 들어. 속도가 느리다는 단점이 있을 뿐이지.

우주선을 빠르게 보내는 방법에는 목성이나 토성의 무거운 중력을 새총의 고무줄처럼 사용하는 방법도 있어. 연료도 들지 않지. 더욱 중요한 사실은 현존하는 가장 빠른 방법이라는 사실이야. 매리너 10호는 1974년 수성을 찾아가면서 금성의 중력을 이용했어. 보이저 1호는 초속 17km의 속도를 얻기 위해 목성과 토성의 중력을 이용했지.

태양처럼 중력이 큰 별을 이용하면 어떻게 될까? 1976년 발사한 태양 탐사선 헬리오스(Helios) 2호는 태양에 근접하면서 속도가 증가해 초속 70.2km라는 최고 궤도 속도를 기록한 적이 있어. 지금까지 인간이 만든 것 중 가장 빠른 기록을 보유한 것은 2018년 미국이 발사한 파커 태양 탐사선이야. 파커(Parker)는 2021년 11월 금성의 중력을 이용해 초속 163km에 도달한 적이 있어. 파커는 태양을 돌면서 자신의 기록을 갱신할 가능성도 있지.

핵 열추진 로켓이라는 방식도 있어. 우라늄이나 중수소의 핵반응을 통해 액체 수소를 가열해 이온화한 다음 분사해 추력을 얻는 방법이지. 미국 NASA는 최근 핵 열추진 로켓을 단 화성 탐사 우주선에 개발하겠다고 밝힌 바 있어. 아직까지 사용한 적은 없지만, 적은 양으로 강력한 에너지를 얻을 수 있어 우주 여행의 시간을 절약해 줄 거야.

핵 파동 추진 로켓은 1946년 미국 수학자가 제안했는데, 쉽게 말해 핵폭탄을 터뜨려 그 파동으로 우주선을 날아가게 하는 거야. 이론적으로 빛의 속도의 5%에 이를 수 있다고 해. 이 방법을 이용하면 프록시마까지 85년이면 갈 수 있어. 감속 시간을 감안하더라도 100년이면 돼. 그러나 우주선을 안전하게 만드는 문제, 핵폭발 시 방사능이 미치는 영향 등을 고민해야겠지.

핵융합 로켓도 생각해 볼 수 있어. 고에너지의 플라스마가 추력을 만들어 내는데, 2개의 엔진을 달면 빛의 속도의 12%에 도달할 수 있다고 해. 1973년 영국은 5.9광년 떨어진 버나드 별에 핵융합 로켓을 이용한 무인 탐사선을 보낼 계획을 수립한 바 있어. 이 우주선으로 간다면 50년밖에 걸리지 않을 거야. 문제는 아직까지 핵융합 장치가 개발되지 않았다는 거지. 연료가 되는 헬륨 3을 구해야 하는데, 지구에 많지 않아서 달에서 채굴해야 해.

별 사이에 있는 수소를 모아 압축해 핵융합을 일으키는 방법도 있어. 1960년 물리학자 로버트 버사드가 제안해 '버사드 램제트'라고 불러. 이 방법은 빛의 속도의 4%에 도달할 수 있어.

우주 돛을 이용하는 방법도 있지. 마치 대항해 시대에 바다를 호령했던 범선과 같아. 돛을 사용하므로 연료가 필요 없어. 바람이 아닌 별의 복사압으로 움직이기. 우주 돛은 잘 사용하면 빛의 속도의 절반까지 도달할 수 있어. 그렇다고 하면 프록시마까지 10년이면 도달하겠지. 돛의 지름을 300km 이상으로 만들 수 있다면 말이야.

반물질 엔진도 있어. 반물질은 일반 입자와 질량은 같지만 전하가 반대인 반입자로 이뤄져 있어. 수소 입자와 반수소 입자가 충돌하면 파이온, 뮤온과 같은 아원자 입자가 쏟아지면서 열핵폭탄 이상의 에너지를 방출해. 반물질 엔진은 이 에너지를 이용해 빛의 속도의 절반에 가까운 속도를 낼 수 있어. 그러나 반물질을 어떻게 만드느냐가 문제야. 지금까지 인간이 만들어 낸 반물질은 20ng(나노그램)밖에 안 된다고 해(1ng=0.000000001g).

마지막으로 소개하는 방법은 과학 소설과 과학 영화에 자주 등장하는 '워프 항법'이야. 이 방법을 이용하면 특수 상대성 이론을 위반하지 않고 빛보다 빠른 속도로 우주를 여행할 수 있어. 시공간을 수축해 이동하는 방법이지. 1994년 멕시코 물리학자 미겔 알큐비에레가 제안했

2010년 발사된 세계 최초의 우주 범선인 일본의 이카로스

어. 그런데 공간을 어떻게 수축시킬지가 문제야.

이렇게 살펴보다 보면 궁금한 것이 있지. UFO(미확인 비행 물체)는 어떻게 만들어졌을까? 외계인이 타고 왔을 것이라고 추정하는 UFO는 수십 광년을 쉽게 오가기 위해 특별한 엔진을 사용할 거야. 빛보다 빠른 초광속을 내기 위해 중력을 조작하거나 우리가 알지 못하는 불가사의한 방법을 사용하겠지. 외계인을 만나면 어떤 방법으로 우리 태양계에 왔는지, 어떻게 우주선을 만드는지 방법을 꼭 물어보고 싶어.

〈인터스텔라〉,〈콘택트〉,〈2001 스페이스 오디세이〉와 같은 과학 영화를 보면 웜홀이 자주 등장해. 벌레가 뚫은 구멍처럼 생겨서 붙여진 용어야. 시공간을 가로지르는 터널이어서 수천만 광년을 순식간에 이동할 수 있어. 마치 타임머신과 같은 효과를 가졌지. 우주 로켓이 빛처럼 빠른 속도를 낼 수 없다면, 웜홀을 이용하면 되겠지? 그런데 웜홀이 진짜 있을까?

웜홀은 아인슈타인의 일반 상대성 이론에 근거해. 강한 중력이 작용하면 블랙홀처럼 시공간이 크게 굽어져 웜홀도 존재할 수 있다는 거지. 그러나 블랙홀은 발견됐지만 웜홀은 아직까지 발견되지 않았어. 현재까지 웜홀은 영화를 만드는 할리우드에서 만든 거라고 봐야 하지. 정말로 웜홀이 있다면 영화처럼 순식간에 외계 우주로 여행할 수 있을 거야.

외계 생명체를 찾아서

지구는 우리가 아는 한 우주에서 생명체가 사는 유일한 천체야. 지금까지 외계에서 생명체가 발견된 적은 한 번도 없어. 그래서 다른 외계 행성에 생명체가 있지 않을까 하는 생각을 하게 돼.

지구 밖에서 인간처럼 지능을 가진 생명체를 찾는 프로그램을 '외계 지적 생명 탐사(SETI)'라고 해. 1960년대부터 시작됐어. 가장 먼저 외계 생명체의 존재를 수학적으로 증명하려고 했던 천문학자는 프랭크 드레이크야. 그는 우리은하에 지구와 교신할 외계 문명이 얼마나 있는

지를 추정하는 방정식을 만들었어. 우리은하 안의 별이 행성을 가질 확률이 얼마나 될까? 행성에서 생명체가 탄생할 확률이 얼마나 될까? 생명체가 지적 문명을 이룰 확률이 얼마나 될까? 그리고 지적 문명이 지구로 신호를 보낼 확률이 얼마나 될까를 생각한 거지. 그는 우리은하 안의 외계 문명 수를 1만 개로 보았어.

과학자들은 커다란 전파 망원경을 만들어 지능을 가진 외계 생명체가 보내오는 신호를 듣고자 했어. 남아메리카 푸에르토리코 아레시보에 지름이 305m에 이르는 대형 전파 망원경을 만든 이유야. 아레시보 망원경은 1963년 건설돼 2011년까지 50년 가까이 외계인 메시지를 받고자 노력했지만, 아무런 메시지도 받지 못했어.

해프닝도 있었어. 1967년 영국 케임브리지대학교 천체물리학과 대학원생 조슬린 벨 버넬이 우주로부터 규칙적인 전파 신호를 받았던 거야. 과학자와 언론은 혹시나 외계 문명의 신호가 아닐까 하는 기대를 가졌지만, 그것은 펄서(Pulsar, 빠르게 회전하며 전파를 발생하는 중성자별)라는 새로운 별이었어. 그를 지도했던 앤터니 휴이시 교수는 새로운 별의 발견으로 1974년 노벨 물리학상을 받았지만 안타깝게도 펄서를 직접 발견한 조슬린 벨 버넬은 노벨상 수상자 명단에 끼지 못했어. 일부 사람들은 벨이 상을 받지 못했다 해서 이 사건을 두고 '노(No) 벨'이라고 비아냥거렸지.

과학자들의 외계 생명체를 찾기 위한 노력은 노후한 아레시보 망원경이 폐쇄된 뒤에도 계속되고 있어. 중국은 2016년 지름이 500m인 세계 최대 전파 망원경 '톈옌(天眼, 천안)'을 세우고 여전히 우주에 귀를 기울이고 있어. 외계 문명이 보내올지 모르는 전파를 기다리고 있는 거지.

지구와 닮은 외계 행성

외계 행성은 태양이 아닌 다른 별을 공전하는 행성을 말해. 외계 생명체가 산다면 외계 행성일 거야. 외계 행성은 1992년 아레시보천문대의 전파 망원경으로 처음 발견했어. 지구에서 약 2,300광년 떨어진 처녀자리에서 펄서 주변을 돌고 있는 2개의 행성이었지. 이후로 발견된 외계 행성은 5,600개(2024년 6월 기준)가 넘어. 대부분 태양계에서 가까운 곳에 있는 별에 속한 것들이지. 과학자들은 우리은하에 수십억 개의 외계 행성이 있을 것으로 보고 있어.

지구와 가장 가까운 외계 행성은 센타우루스자리에서 발견된 '프록시마 b'야. 크기가 지구보다 약간 커. 과학자들은 이 외계 행성이 암석으로 이뤄져 있으며, 대기와 표면에 수증기와 액체 물을 가지고 있을 것으로 추측해. 지구가 태양과 거리를 둔 것처럼 별로부터 적당한 거리(거주 가능한 영역)에 떨어져 있기 때문이지. 그러나 지구처럼 호수나 바다와 같은 물이 있는 외계 행성은 지금까지 발견되지 않았어.

프록시마 b가 돌고 있는 별은 태양계에서 가장 가까운 별이지만 해왕성보다 9,000배 멀리 떨어져 있어. 현재의 과학 기술로 갈 수 없는 위치지. 우리는 언제쯤 외계 행성에 갈 수 있는 새로운 과학 기술을 찾아낼 수 있을까?

우주 여행과 동면

영화 〈패신저스(Passengers, '승객들'이라는 뜻)〉는 2016년에 상영된 재미있는 우주 여행 영화야. 수백 광년 떨어진 곳에 식민 행성을 개척하고, 초호화 우주 여객선이 258명의 승무원과 5,000명의 승객을 태우고 식민 행성을 찾아가는 과정을 그리고 있어.

식민 행성까지 가는 시간은 120년, 인간 수명으로 도저히 갈 수 없는 시간이기에, 승무원과 승객 모두가 동면(냉동 수면)을 취하고 인공 지능이 우주 여객선을 운항해. 그런데 우주 여객선이 운항 중에 운석에 부딪히게 돼. 주인공은 불과 30년 만에 동면에서 깨어나 앞으로 90년을 우주 여객선 안에서 혼자 버텨야 하는 상황에 처해. 〈패신저스〉는 우주 여행 속에서 발생할 안전 문제를 생각해 보게 하는 영화야. 우주 여객선이 갖춰야 할 조건, 최첨단 안드로이드 로봇, 우주 여객선 밖 우주 유영, 중력 시스템이 깨지면서 대형 수영장의 물이 무중력 상태에 이르는 상황 등을 흥미롭게 그리고 있어. 우주 여객선 밖 우주의 모습은 너무 아름답지.

영화 〈패신저스〉처럼 오랜 기간 여행하는 것은 아니지만, 화성으로 오가는 동안에도 식량을 아끼고, 여행의 지루함을 줄이기 위해 우주 비행사들은 동면을 취해야 할지 몰라.

인간은 무중력 상태인 우주에 나가면 뼈를 이루는 칼슘이 소변으로 빠져나가. 한 달에 1%씩 빠져나가니까, 1년을 무중력 우주 공간에서 보낸다면 12%가 빠져나가게 돼. 그런데 동면을 하면 대사 속도가 느려지고 뇌의 활동이 줄어들어서 뼈와 근육도 그만큼

건기에 동면하는 살찐꼬리난쟁이여우원숭이. ⓒFrank Vassen

적게 줄어들지. 그러니까 동면은 오랜 우주 여행을 하는 데 꼭 필요해. 그런데 영화에서처럼 인간이 오랫동안 동면할 수 있을까?

다행스럽게도 인간이 동면을 할 수 있는 가능성이 발견됐어. 영장류 중에 여름잠을 자는 동물이 있기 때문이야. 아프리카 마다가스카르에 사는 살찐꼬리난쟁이여우원숭이는 가뭄이 심한 여름 건기에는 에너지 소비를 줄이기 위해 잠을 자. 길게는 6개월 동인 여름잠을 자는 유일한 영장류지. 컴퓨터를 사용하지 않으면 저전력 모드로 바뀌듯이, 살찐꼬리난쟁이여우원숭이는 수면 스위치를 가지고 있어. 만약 인간에서 동면 유전자를 찾을 수 있다면 우주 여행은 더욱 쉬워질 거야.

우주 개발 연표

1926. 3. 16.   로버드 고다드, 최초 액체 연료 로켓 발사
1957. 10. 4.   소련, 최초의 인공위성 스푸트니크 1호 발사
1959. 9. 14.   소련 루나 2호, 최초로 달 착륙
1959. 10. 7.   소련 루나 3호, 최초로 달 뒷면 촬영
1960. 4. 1.   미국, 최초의 기상 위성 티로스 1호 발사
1961. 4. 12.   유리 가가린(보스토크 1호), 최초로 지구 궤도 여행
1962. 7. 10.   세계 최초의 통신 위성 텔스타 1호 발사
1962. 12. 14. 금성 탐사선 매리너 2호, 첫 행성 데이터 전송
1963. 6. 16.   발렌티나 테레시코바(보스토크 6호), 첫 여성 우주 여행
1963. 7. 26.   미국, 첫 정지 궤도 통신 위성 신컴 2호 운용
1965. 3. 10.   알렉세이 레오노프, 첫 우주 유영
1967. 4. 24.   블라디미르 코마로프(소유스 1호), 우주 임무 중 첫 사망
1969. 7. 20.   닐 암스트롱(아폴로 11호), 처음으로 달 표면 도보 여행
1970. 12. 15. 미국 베네라 7호, 처음으로 금성 착륙
1971. 4. 19.   소련, 첫 우주 정거장 살류트 1호 발사
1971. 12. 2.   소련 마르스 3호, 첫 화성 착륙
1973. 12. 3.   미국 파이어니어 10호, 첫 목성 탐사
1976. 7. 20.   바이킹 1호, 화성 표면 사진 첫 전송
1979. 9. 1.   파이어니어 11호, 첫 토성 탐사
1981. 4. 12.   첫 우주 왕복선 컬럼비아호 발사
1986. 1. 24.   보이저 2호, 첫 천왕성 탐사
1986. 2. 19.   모듈형 우주 정거장 미르 첫 발사
1986. 3. 13.   유럽우주기구의 지오토, 핼리 혜성 탐사

1989. 8. 24. 보이저 2호, 첫 해왕성 탐사
1990. 4. 25. 미국과 유럽우주기구, 허블우주망원경 발사
1992. 8. 11. 한국 최초의 인공위성, 우리별 1호 발사
1995. 8. 5. 한국 최초의 통신용 정지 궤도 위성 무궁화 1호 발사
1999. 12. 21. 한국, 다목적 실용 위성 아리랑 1호 발사
2000. 11. 2. 국제우주정거장 첫 거주 시작
2001. 2. 12. 무인 우주선 슈메이커, 최초로 소행성 에로스에 착륙
2004. 6. 21. 스페이스십 원, 첫 민간 준궤도 비행
2005. 1. 14. 히위헌스 탐사선, 토성의 위성 타이탄 착륙
2010. 6. 13. 일본 하야부사, 소행성 샘플을 가지고 귀환
2015. 12. 21. 재사용 로켓 팰컨 9호, 첫 발사 기지 귀환
2019. 1. 3. 중국 창어 4호, 달 뒷면 착륙
2021. 4. 29. 중국 우주 정거장 톈허 발사
2021. 12. 25. 제임스웹우주망원경 발사
2022. 6. 21. 한국, 한국형 발사체 누리호 발사
2022. 8. 5. 한국, 달 탐사신 다누리 발사
2022. 11. 16. 미국 달 탐사선 아르테미스 1호 발사
2024. 6. 2. 중국 창어 6호 달 뒷면 착륙

작가의 말

유리 가가린, 닐 암스트롱과 같은 우주 영웅을 흠모하며 우주 여행을 꿈꾸는 사람들이 많을 거야. 과거의 우주 영웅은 전투적으로 우주로 나갔어. 고난도의 극기 훈련을 거쳐 남극 대륙을 탐험하는 것처럼, 엄청난 중력을 이겨 내며 우주를 향했지. 그들은 대부분 단단한 체력을 가진 군 소속의 비행 조종사였고, 우주는 미국과 소련이 자존심을 위해 벌였던 전쟁터였어. 우주 비행사들은 국가를 위해 목숨을 걸고 탄도 미사일 앞에 부착한 우주선에 올라탔던 거지.

그런데 새로운 우주 시대가 열리고 있어. 군인이 아니더라도, 비행 훈련을 받지 않더라도 누구나 우주에 갈 수 있는 시대가 다가오고 있는 거야. 우주는 더 이상 전쟁터가 아닌 돈을 버는 산업 기지로, 휴가를 즐기는 관광지로 바뀌고 있어. 이제 우주 비행사는 우주 승무원, 우주 여행자가 더 적합한 호칭일 거야.

어쩌면 이 시대의 우주 영웅은 군인이 아닌 기업가일지도 몰라. 일론 머스크가 우주 기업 스페이스엑스를 세우고 팰컨 9호를 만들었을 때 세상은 깜짝 놀랐어. 그동안 생각지 못했던 일들이 벌어졌거든. 팰컨 9호 로켓은 우주선을 우주 정거장에 보내고 다시 돌아오는 우주 쇼를 보여 줬어. 우주 왕복선이 해내지 못했던 재사용 로켓 기술을 선보였던 거지. 눈물이 날 정도였어. 왜냐고? 매우 저렴한 로켓 기술이어서 군 소속 우주 비행사가 아니어도 승객으로서 누구나 우주 여행을 할 수 있는 시대가 열릴 테니까.

우리에게 다가온 새로운 우주 시대는 인공지능, 로봇만큼이나 엄청난 속도로 우리의 삶을 바꾸고 있어. 그래서 10대들이 새로운 우주 시대를 이해하고 흥미를 가질 수 있도록 이렇게 책을 쓰게 됐어.

이 책은 우주 개발에 관한 기본 지식이 담겨 있어. 우주 개발에 관한 뉴스가 넘쳐나는데, 정확하게 이해하려면 최소한의 지식은 갖추어야 할 테니까. 모쪼록 우주 개발 이야기가 독자들에게 우주에 대한 흥미를 돋우고 우주 개발의 무한한 가능성을 보는 데 도움이 된다면 더없는 보람일 거야.

이 책의 독자가 언젠가 우주 여행을 하기 바라면서,
경기도 양주 송암스페이스센터에서
홍대길

사이언스 틴스 17
궁금했어, 우주 개발

초판 1쇄 인쇄 2024년 8월 30일
초판 1쇄 발행 2024년 9월 19일

글 | 홍대길
그림 | 이진화
펴낸이 | 한순 이희섭
펴낸곳 | (주)도서출판 나무생각
편집 | 양미애 백모란
디자인 | 박민선
마케팅 | 이재석
출판등록 | 1999년 8월 19일 제1999-000112호
주소 | 서울특별시 마포구 월드컵로 70-4(서교동) 1F
전화 | 02)334-3339, 3308
팩스 | 02)334-3318
이메일 | book@namubook.co.kr
홈페이지 | www.namubook.co.kr
블로그 | blog.naver.com/tree3339

ISBN 979-11-6218-319-9   73550

값은 뒤표지에 있습니다.
잘못된 책은 바꿔 드립니다.

*종이에 베이거나 긁히지 않도록 조심하세요.
*책 모서리가 날카로우니 던지거나 떨어뜨리지 마세요. (사용연령: 8세 이상)
*KC마크는 이 제품이 공통안전기준에 적합하였음을 의미합니다.